版权声明

First published by Teachers College Press, Teachers College, Columbia University, New York, USA.

Copyright © 2011 by Teri N. Talan and Paula Jorde Bloom.

All rights reserved. No part of this publication may be reproduced or transmitted in any form or by any means, electronic or mechanical, including photocopy, or any information storage and retrieval system, without permission from the publisher.

保留所有权利。非经中国轻工业出版社"万千教育"书面授权，任何人不得以任何方式（包括但不限于电子、机械、手工或其他尚未被发明或应用的技术手段）复印、拍照、扫描、录音、朗读、存储、发表本书中任何部分或本书全部内容。中国轻工业出版社"万千教育"未授权任何机构提供源自本书内容的电子文件阅览、收听或下载服务。如有此类非法行为，查实必究。

Program Administration Scale
Measuring Early Childhood Leadership and Management
(Second Edition)

幼儿园管理量表
提升幼儿园园长领导力和管理水平的工具

[美] Teri N. Talan，Paula Jorde Bloom / 著

文晓莉　刘晶波 / 译

图书在版编目(CIP)数据

幼儿园管理量表：提升幼儿园园长领导力和管理水平的工具 /（美）特丽·N.塔兰（Teri N. Talan），（美）葆拉·乔德·布卢姆（Paula Jorde Bloom）著；文晓莉，刘晶波译. —北京：中国轻工业出版社，2020.12（2024.1重印）

ISBN 978-7-5184-3120-5

Ⅰ. ①幼… Ⅱ. ①特… ②葆… ③文… ④刘… Ⅲ. ①幼儿园—管理 Ⅳ. ①G617

中国版本图书馆CIP数据核字（2020）第195337号

责任编辑：吴　红　　　责任终审：腾炎福
策划编辑：吴　红　　　责任校对：刘志颖　　　责任监印：吴维斌

出版发行：中国轻工业出版社（北京鲁谷东街5号，邮编：100040）
印　　刷：三河市鑫金马印装有限公司
经　　销：各地新华书店
版　　次：2024年1月第1版第3次印刷
开　　本：787×1092　1/16　印张：8
字　　数：100千字
书　　号：ISBN 978-7-5184-3120-5　　定价：38.00元
读者热线：010-65181109
发行电话：010-85119832　　010-85119912
网　　址：http://www.chlip.com.cn　　http://www.wqedu.com
电子信箱：1012305542@qq.com

如发现图书残缺请拨打读者热线联系调换

232081Y1C103ZYW

译 者 序

大量的研究证明早期经历和教育对儿童的智力、语言、社交技能、情绪、情感的发展有着深远的影响。因此，评估和提升各类幼儿园的质量成为过去20多年里早期教育领域最重要的变革。例如，在美国，几乎所有的州都有各自的幼儿园评估体系和标准。但是，幼儿园质量的评估、测量集中在以班级为单位的教学环境硬件条件、教学质量、教师—儿童互动等层面。众多的研究结果表明：幼儿园管理者的领导和管理能力是幼儿园质量的重要保障。因此，在美国引领的幼儿园质量研究、评估中，宏观的、机构层面的幼儿园管理运作开始被视作幼儿园质量的一个重要维度，并在近些年开始备受关注。尽管早期教育领域有多个广泛使用的关于教学环境和教学质量的测量工具，但遗憾的是，专门针对幼儿园管理和领导力的测量工具却极度缺乏。

《幼儿园管理量表》（*Program Administration Scale*），是目前早期教育领域唯一的专门用于测量幼儿园机构层面的行政管理的工具。它有已经确立的信度和效度，并被广泛地应用在美国各州的幼儿园质量评估体系和园长认证系统中。这个简单、实用的量表采用7分制的评分标准（从"未达最低要求"到"优秀"），囊括了25个测量条目，10个测量维度：人力资源发展，人事成本与与分配，幼儿园运营，儿童发展测量，财务管理，幼儿园规划与评估，家园合作，市场营销与公共关系，现代科技和员工资格。这个工具的原始作者——特丽·N. 塔兰博士（Dr. Teri N. Talan）和葆拉·乔德·布卢姆博士（Dr. Paula Jorde Bloom），来自美国麦考密克早期教育领导力中心（McCormick Center for Early Childhood Leadership）。该中心是美国最权威的园长培训与领导力研究中心，全美幼教管理的数据和信息资源中心，全美幼儿园园长大会的组织机构，并在美国的幼儿园质量评估中承担着重要的引领角色。

正是基于幼儿园管理量表这样的特殊作用和地位，我们希望通过翻译这个测量工具，把它介绍给中国的广大幼教工作者和政策制定者。我们期待这个实践性很强的工具能够帮助提升幼儿园的管理水平，增强幼儿园园长和其他管理者的领导意识和反思能力，拓宽他们的国际视野，提高中国的幼儿园教育质量。量表中的最高得分标准为幼儿园行政管理实践提供了非常具体的目标。同时，我们也盼望着，就像在美国一样，这个工具能够在不久的将来被应用到中国的幼儿园质量评估系统当中。根据量表的内容，我们也在筹划针对园长及管理人员的领导力提升的培训和认证项目，以弥补中国幼儿园园长专业培训的空白，为促进幼儿园教育做出贡献。

这里需要指出的是，当一个量表被翻译为不同的语种，并应用于不同的文化背景时，它的原始信度和效度都会不可避免地受到挑战。此外，量表中的个别测量条目可能不完全适用于中国的幼儿园。例如：中国的幼儿园有不同于美国的福利系统和休假日标准（条目5）；中国对幼儿园教师的专业要求也不同于美国（条目22、23、24、25）。因此，这个量表在中国的使用还有待进一步考量和研究。可以预见，在不久的将来，我们需要根据量表在中国幼儿园的使用情况，来修改和调整个别测量条目。但是，从翻译和向中国读者介绍这个量表的角度考虑，我们需要尊重它的原始内容。

针对《幼儿园管理量表》的使用，我们想提出以下几点建议：

（1）大家首先应该对量表的用途、内容以及维度和条目进行宏观的、整体的了解，然后再仔细阅读和研究每个条目的具体测量指标。对量表的准确理解是基于对其内容的高度熟悉。

（2）在熟悉工具的内容之后，您可以开始了解评估和打分的规则，以及评估所需要的相关的幼儿园管理文件。

（3）在对量表及其使用有比较充分的了解之后，幼儿园管理者可以试着给自己的幼儿园在每个测量条目上打分，做最初的评估。对于有些不确定或不适用的条目可以跳过。然后再估量本幼儿园的管理运营在7分制量表上的表现。

这里要特别强调，这个测量工具目前仅仅适用于参考，帮助幼儿园管理者了解幼儿园运作和管理应该关注的具体领域。更准确地说，它是一个自我学习和提升的工具。当这个测量工具被应用于研究或者与正式的幼儿园认证挂钩时，我们强烈推荐独立评估者或者评估机构联系本量表的译者——文晓莉教授和刘晶波教授，接受这个工具的使用培训和认证。本量表的译者通过了美国麦考密克早期教育领导力中心的培训认证，所以拥有对量表使用的最终解释权。随着量表的发表，我们的培训也在筹划之中。另外，我们也会为量表的使用提供技术支持，并为幼儿园管理的改进提出建议。如果您需要相关的支持，请联系我们：PASwenxiaoli@gmail.com。

衷心地希望大家能够喜欢和使用这个量表，并为我们提供反馈意见。

文晓莉　刘晶波

2020 年 11 月 20 日

作者介绍

特丽·N. 塔兰（Teri N. Talan），博士

特丽·N.塔兰是麦考密克早期教育领导力中心的公共政策和研究室主任，同时也是国立路易斯大学早期教育系的教授。她代表麦考密克早期教育领导力中心参与多个公共政策论坛，在伊利诺伊州和全美范围内倡导对早期教育和管理的政策关注。她也是麦考密克早期教育领导力中心的《研究通报》（*Research Notes*）的主编。塔兰博士曾担任获得全美幼教协会认证的幼儿园的园长。她在西北大学获得法学学位，在国立路易斯大学获得早期教育管理专业的硕士学位、成人和继续教育专业的博士学位。塔兰博士的研究兴趣是早期教育管理、教师培养、教育服务整合和幼儿园质量评估。她是《家庭式幼儿看护管理量表》（*Business Administration Scale for Family Child Care*，BAS）的作者之一。也是《谁在看护儿童：伊利诺伊州早期教育工作者的状况报告》（*Who's Caring for the Kids? The Status of the Early Childhood Workforce in Illinois*）的作者。

葆拉·乔德·布卢姆（Paula Jorde Bloom），博士

葆拉·乔德·布卢姆是麦考密克早期教育领导力中心的创始人和主任，同时也是国立路易斯大学早期教育系的终身教授。作为美国早期教育领导力和管理领域的著名学者和先锋，布卢姆博士经常在国内和国际学术会议上做主题演讲。同时她也担任多个专业组织和政府机构的顾问。她在斯坦福大学获得硕士和博士学位。布卢姆博士发表无数学术论文和好几部被广泛阅读的早期教育管理著作。布卢姆博士的研究兴趣集中于机构氛围、工作压力、工作满意度、员工发展和早期教育工作者的培养和发展等问题。她也是《幼儿工作环境调查问卷》(*Early Childhood Work Environment Survey*，ECWES)和《幼儿教育工作满意度调查问卷》(*Early Childhood Job Satisfaction Survey*，ECJSS)的作者。

译者介绍

文晓莉,博士

文晓莉博士,美国国立路易斯大学(National Louis University)早期教育系终身教授,南京师范大学客座教授。她在北京师范大学获得家庭教育硕士学位,在美国普渡大学(Purdue University)获得儿童发展与家庭研究博士学位,并在埃里克森研究所(Erikson Institute)从事博士后研究。她的研究方向集中于亲子关系和家庭养育对婴幼儿的社会性和情绪情感发展的影响,家庭教育,家园合作,弱势儿童的早期干预和社会公益服务,以及幼儿园质量的多维评估。她参与了美国联邦政府的多个儿童发展和早期教育科研项目。目前,她担任美国知名学术期刊《早期教育与发展》(Early Education and Development)和《早期发展研究季刊》(Early Childhood Research Quarterly)的编辑委员会成员,担任多本杂志和多家会议机构的特约审稿人,并发表了多篇杂志文章和会议文章。她承担了多门课程的教学,包括:婴幼儿看护,家庭、社区与儿童发展,儿童测量,儿童心理学,应用统计和研究方法论,以及幼儿园管理和教师发展。

刘晶波，博士

刘晶波博士，中美富布莱特高级研究学者（Fulbright VRS），南京师范大学学前教育学系教授、博士生导师。现任南京师范大学学前教育研究所副所长，教育科学学院儿童—成人互动研究中心主任，"学前教育国家重点学科"博士学位点负责人，"儿童社会性发展与教育"方向学术带头人。兼任中国学前教育研究会家庭与社会教育专业委员会主任、南京青秀城幼儿园兼职园长、南京华德福幼儿园志愿者园长。她的研究方向集中于个体社会性终身发展与支持，儿童—成人互动行为管理与心理发展支持，学习型社区的建构与管理。她已出版专著和译著多部，包括：《师幼互动行为研究——我在幼儿园里看到了什么》《幼儿园社会领域教育精要——关键经验与活动指导》《特殊儿童早期发展支持》《儿童行为管理》《家庭、学校与社区——建立儿童教育的合作关系》《游戏和儿童发展》《学前教师技能》《学前教育研究方法》等。

感 谢 致 辞

自 2004 年《幼儿园管理量表》(Program Administration Scale, PAS) 第一版出版以来，我们很荣幸能够与来自美国、加拿大和新加坡的数百名幼儿园管理者、技术支持专家以及政策制定者一起工作。其中有许多人都参加了《幼儿园管理量表》(PAS)评估资格的强化培训并成为拥有认证书的评估员。所以他们可以使用《幼儿园管理量表》(PAS)来收集数据，用于研究或改进幼儿园质量。我们非常感谢在每次培训活动中收到的澄清性问题和有见地的意见。我们要对所有参加培训的人员表示感谢，感谢他们对第二版《幼儿园管理量表》(PAS)的修改所做出的宝贵贡献。

制定《幼儿园管理量表》(PAS)的动力来自我们对幼儿园质量所做的评估工作，而这项工作是麦考密克基金会(McCormick Foundation)专业发展计划的一部分。经验让我们确信，需要有一个有效且可靠的工具来测量早期教育和看护机构的领导及管理实践的质量。克莱门特和斯通基金会(W. Clement and Jessie V. Stone Foundation)为我们提供了资金来进行《幼儿园管理量表》(PAS)初始的信度与效度的研究。我们非常感谢这两个基金会对我们工作的一贯支持，以及它们为提高幼儿园管理质量所做的努力。

我们感谢早期教育专家们提供的宝贵意见以及对《幼儿园管理量表》(PAS)制定的帮助。在此特别感谢以下这些专家：凯·阿尔布雷克特(Kay Albrecht)，比·杰伊·齐赛克(Bee Jay Ciszek)，道格·克拉克(Doug Clark)，迪克·克利福德(Dick Clifford)，黛比·克莱耶(Debby Cryer)，艾利恩·艾森伯格(Eileen Eisenberg)，贾娜·弗莱明(Jana Fleming)，露易丝·甘布尔(Lois Gamble)，约翰·冈纳森(John Gunnarson)，特尔玛·哈姆斯(Thelma Harms)，朱迪·哈里斯·赫尔姆(Judy Harris Helm)，肯德拉·凯特（Kendra Kett）、斯泰茜·金（Stacy Kim）、杰姬·莱格（Jackie Legg）、萨姆·迈泽尔斯（Sam Meisels）、安妮·米切尔（Anne Mitchell）、格温·摩根（Gwen Morgan）、凯茜·雷伯恩（Kathie Raiborn）、苏珊·斯波恩海默（Susan Sponheimer）、玛丽莲·斯普拉格-史密斯（Marilyn Sprague-Smith）和拉娜·韦纳（Lana Weiner）。

同时还要感谢参与《幼儿园管理量表》（PAS）的信度与效度研究工作的团队——吉尔·贝拉（Jill Bella）、琳达·布特科维奇（Linda Butkovich）、莉萨·唐尼（Lisa Downey）、雪莉·弗拉思（Shirley Flath）、凯茜·哈迪（Kathy Hardy）、卡伦·梅（Karen May）、盖尔·赖尼茨（Gale Reinitz）、萨拉·斯塔巴克（Sara Starbuck）和卡丝·沃尔夫（Cass Wolfe）。伊利诺伊州儿童保育资源和推荐机构以及芝加哥大都会信息中心的工作人员在信度研究的样本选择中也给予了我们极大的帮助。

我们也要感谢那些参与美国25个州的评估工作的《幼儿园管理量表》（PAS）评估员。他们的评估结果被用到了量表第二版的全国信度与效度研究中。这些重要的同事太多了，难以一一列举。如果没有他们的突出贡献，全国性的评估标准就得不到发展。

我们特别感谢戴安娜·沙克（Diana Schaack）提供的统计分析。她对全国样本数据的编码和分析所做的工作，让我们节省了很多时间。还要感谢希瑟·纳普（Heather Knapp）和塔尼娅·拉弗拉夫（Tanya Rafraf）在数据输入方面所提供的帮助。感谢完成了最终文档布局的唐娜·乔纳斯（Donna Jonas）以及在内容的审核中提供批判性视角的凯茜·鲁索（Kathy Rousseau）。

非常荣幸与哥伦比亚大学教师学院出版社的编辑和制作团队一起工作。我们深深地感谢玛丽·埃伦·拉卡达（Marie Ellen Larcada）。她促使我们专注于这个项目并且引领我们直至项目完成。

最后，麦考密克早期教育领导力中心的《幼儿园管理量表》（PAS）审核小组中有三位成员值得特别感谢，他们分别是吉尔·贝拉、琳达·布特科维奇和罗宾·凯尔顿（Robyn Kelton）。他们对量表指标的细微差异的敏感，对来自实践领域的问题的不懈解答，对"最终用户"的支持以及对《幼儿园管理量表》（PAS）认证系统的监督，为本量表第二版的修订工作奠定了基础。

第二版前言

在《幼儿园管理量表》(PAS)首次发布以来的七年里，越来越多的研究表明幼儿园的有效领导和管理实践非常重要（Kagan，Kauerz，& Tarrant，2008；Lower & Cassidy，2007；Rohacek，Adams，& Kisker，2010；Talan，2007；Vu，Jeon，& Howes，2008；Whitebook，Ryan，Kipnis，& Sakai，2008）。其中有不少实证研究证明了《幼儿园管理量表》(PAS)是可靠的测量、监督和改善行政管理实践的工具（Arend，2010；Bloom & Talan，2006；Kagan et al.，2008；McCormick Center for Early Childhood Leadership [MCECL]，2010a；McKelvey et al.，2010；Mietlicki，2010；Miller & Bogatova，2007；Rous et al.，2008）。

目前，《幼儿园管理量表》(PAS)已经成为美国各州幼儿园质量评估和改进系统中的重要工具（例如伊利诺伊州、俄亥俄州、阿肯色州、蒙大拿州），并且是园长资格认证（例如田纳西州、新泽西州）和幼儿园在寻求全美幼教协会（NAEYC）的认证过程中重要的自我学习工具（Means & Pepper，2010；Stephens，2009）。每个测量指标的递增分数系统都为幼儿园管理者认识在行政管理质量方面的进步提供了参考。

尽管来自早期教育领域的量化和质化研究并未显示出需要对《幼儿园管理量表》(PAS)进行重大修改，但是我们仍需要分享有关这个工具的最新信度和效度的数据并完善其指标中的一些措辞。

从某种程度上说，自《幼儿园管理量表》(PAS)在2004年首次出版以来，第二版的准备工作就一直在进行之中了。使用《幼儿园管理量表》(PAS)的实践工作者一直在询问有关管理质量指标的问题，并对每个指标表达了深刻的见解。他们让我们看到了《幼儿园管理量表》(PAS)在评估和支持各类幼儿园时的最佳实践。这些来自全国各地、代表着早期教育领域中各个部门的实践工作者，已经将《幼儿园管理量表》（PAS）用于幼儿园的自我改进、研究、培训、大学课程、认证支持、质量监控、辅导、机构咨询和政策制定等多个方面。根据他们的反馈和该领域新的发展，我们做了一些细微的改进，以支持《幼儿园管理量表》（PAS）的可靠和有效的使用。相比第一版，新的版本有以下几个重要特点。

- 更加重视包容性、文化敏感性和语言多样性的管理实践。
- 增加了对员工参与幼儿园领导和管理的实践的评估。
- 现代科技的部分增加了有关科技如何促进有效沟通、合作和持续学习的实践。
- 在新版中，关于"管理者"的定义，与全美幼教协会的认证标准中的定义保持一致。

最后，《幼儿园管理量表》（PAS）测量条目中的注释和指导问题在第二版中有所扩展，以增强使用者对条目的理解，提高量表使用的一致性和准确性。国立路易斯大学（National Louis University）的麦考密克早期教育领导力中心将在其网站上继续跟进有关《幼儿园管理量表》（PAS）的更新和完善，并发布有关使用该工具进行幼儿园质量提升的培训和活动。

目　　录

译者序 ··· I
作者介绍 ··· V
译者介绍 ·· VII
感谢致辞 ·· IX
第二版前言 ··· XI

《幼儿园管理量表》（PAS）的概述 ································· 1
　　量表的意义 ··· 3
　　多重用途的设计 ·· 4
　　维度、条目和指标 ·· 5
　　术语定义 ·· 6

《幼儿园管理量表》（PAS）的使用 … 9

  数据收集程序 … 11

  《幼儿园管理量表》（PAS）的计分 … 11

《幼儿园管理量表》（PAS）的具体内容 … 19

  人力资源发展 … 22

  人事成本与分配 … 28

  幼儿园运营 … 34

  儿童发展测量 … 40

  财务管理 … 44

  幼儿园规划与评估 … 48

  家园合作 … 52

  市场营销与公共关系 … 56

  现代科技 … 60

  员工资格 … 64

表格 … 73

  管理者资格表 … 75

  教职员工资格表 … 76

教职员工资格汇总表 ··· 77

　　条目总结 ·· 78

　　《幼儿园管理量表》（PAS）图谱 ·· 79

附录 ··· **81**

　　《幼儿园管理量表》（PAS）的信度和效度 ··· 83

　　参考文献和资源 ··· 99

《幼儿园管理量表》（PAS）的概述

- 量表的意义
- 多重用途的设计
- 维度、条目和指标
- 术语定义

量表的意义

《幼儿园管理量表》(PAS)的诞生是因为越来越多的专业人士认为应该从更广阔的视角审视幼儿园的质量,而不是仅仅关注教室层面的学习环境。如果没有机构层面的质量体系,在教室层面的高质量的互动和学习环境就难以维系。尽管现有几个工具可以测量教师—儿童互动和课堂教学实践的质量,但在《幼儿园管理量表》(PAS)发表之前,早期教育领域没有一个有效、可靠的工具可以用来专门测量幼儿园的行政管理实践。

这个量表包括 25 个条目(见本书第 16 页),这些条目归属于 10 个维度(或子量表),用来测量幼儿园的领导和管理职能。领导职能是指宏观地帮助幼儿园阐述和明确其宗旨,设定目标,规划未来,并制定行动方案。而管理职能则涉及任务的具体流程和执行体系的确立,以实施机构的任务(Bloom,2004)。

《幼儿园管理量表》(PAS)是为幼儿园管理者、研究人员、监督人员和政策倡导者制定的。它的设计是为了与在领域中广泛使用的《幼儿学习环境评量表》(*Early Childhood Environment Rating Scale*,ECERS;由 Harms、Clifford 和 Cryer 合著)互相补充。PAS 和 ECERS 都采用了 7 分制的评分结构来评估幼儿园质量,并且两者都能生成综合的质量描述,指导幼儿园的质量提升。如果两个工具一起使用,可以帮助我们审视教室层面的最佳实践和整个幼儿园的宏观机构层面的质量(Kagan et al.,2008;McKelvey et al.,2010)。

多重用途的设计

《幼儿园管理量表》（PAS）适用于多种用途：幼儿园的自我完善，技术支持或监督，培训，研究或评估，以及提升公众意识。《幼儿园管理量表》（PAS）针对的是幼儿园，包括"开端计划"（Head Start）幼儿园* 和州立政府资助的幼儿园。这个工具也适用于评估、改进学校里的学前班的管理质量。

- **幼儿园的自我完善**：量表的指标是客观、可量化的，从"未达最低要求"到"优秀"，共有七个等级。幼儿园园长可以设置幼儿园的目标，从而逐渐提高行政管理实践的质量。量表产生的综合质量描述可以反映幼儿园在实现质量提升方面的进展。

- **技术支持或监督**：当地和州（省）政府为了提升幼儿园的质量，可将《幼儿园管理量表》（PAS）作为一个技术支持和监督的方便工具，为改进幼儿园的实践提供指导，为儿童和家长提供高质量的幼儿教育服务。

- **培训**：无论是在对幼儿园管理者的职前还是在职培训中，《幼儿园管理量表》（PAS）都可帮助他们形成对幼儿园实践的宏观认识，理解领导和管理的最佳实践，并强化他们对管理者在塑造幼儿园质量中所扮演的重要角色的认知。

- **研究或评估**：对于独立的科研和政府资助的幼儿园质量评级和改进系统（QRIS，旨在鼓励幼儿园达到更高的质量）来说，《幼儿园管理量表》（PAS）既可用于描述幼儿园当前的质量，也可反映在前测—后测评估设计中的质量变化。

- **公众意识**：由于《幼儿园管理量表》（PAS）的语言清晰易懂，并对具体的领导和管理实践提供评估标准，所以它可帮助不同的使用者，包括幼儿园园长、公司管理者、决策者、认证机构、教师培训人员、家长和资源推介机构，来了解高质量幼儿园的具体指标。

---

* Head Start 幼儿园，为美国政府资助的公立幼儿园。——译者注

维度、条目和指标

如前面所述,《幼儿园管理量表》(PAS)包括 25 个条目(见本书第 16 页),归结于 10 个维度或子量表,使用 7 分制的评分结构。前 23 个条目适用于所有幼儿园。最后两个条目(第 24 个条目"配班教师",第 25 个条目"保育员")是选择性条目(可以跳过),取决于幼儿园的人员配置模式。每一个条目有 2~5 个指标,每一个指标都是从"未达最低要求"到"优秀"的 7 分制评分。

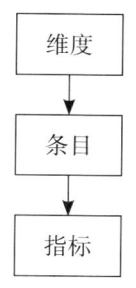

以下是对维度的描述:

- ◆ **人力资源发展**:评估幼儿园是否为新员工提供了入职培训、在职培训、定期的指导和支持以及系统的工作表现评估。

- ◆ **人事成本与分配**:检验幼儿园是否有书面的薪级表和年度加薪,福利的类型,儿童是否会在一天中被重新分组以维持教师—儿童比例,幼儿园是否为教师提供了有偿的教学准备时间。

- ◆ **幼儿园运营**:考量设施的健康与安全、幼儿园是否有风险管理计划、是否有足够的空间来满足员工的需求,以及内部沟通的频率与质量(包括员工会议的共同策划和员工冲突的解决)。

- ◆ **儿童发展测量**:评估幼儿园是否有筛查特殊需要儿童的程序、儿童学习和发展测量的类别和频率,以及测量结果是否用于幼儿园的课程计划和评估。

- ◆ **财务管理**:着眼于管理者在年度运营预算中扮演的角色,评估工资和其他开销是否按时支付以及管理者是否遵守财务管理的规定。

- ◆ **幼儿园规划与评估**:评定幼儿园是否有书面的宗旨(或使命)和愿景陈述,是否有战略计划,是否邀请员工和家长参与幼儿园的评估实践。

- **家园合作**：调查幼儿园与家长交流的模式和频率，家长对幼儿园活动和决策的参与程度，以及幼儿园为来自不同文化和语言背景的家长提供的支持。
- **市场营销与公共关系**：评估幼儿园与外界交流工具的类型和使用频率，幼儿园如何响应当地社区的需求，以及管理者参与早期教育专业机构、公民组织、商业机构等组织的活动情况。
- **现代科技**：关注幼儿园的现代科技资源，管理和教学人员如何使用科技，以及幼儿园是否有明确的关于现代科技使用和工作信息保密的政策与程序。
- **员工资格**：评估管理人员和教学人员的教育水平、专业培训和工作经验。

术 语 定 义

以下这些定义在《幼儿园管理量表》（PAS）中贯穿使用，并且应该在完成《幼儿园管理量表》（PAS）时参考这些定义。

- **管理人员**：包括园长、园长助理和业务主任。
- **管理者**：管理者是指对幼儿园的计划、执行和评估承担主要责任的个人。如果幼儿园有4个或更多的班级，或者一共有60个或更多的全日制（full-time equivalent，FTE）儿童，那么管理者必须是在幼儿园所在地工作。管理者的职务名称可能会根据不同的幼儿园而有所不同，包括园长、经理、协调员或者校长。
- **保育员**：分配给同一组儿童的教学团队成员，他们在主班教师和（或者）配班教师的直接监督下工作。
- **幼儿园**：《幼儿园管理量表》（PAS）测量的单位。
- **ECE/CD**：早期教育或儿童发展（early childhood education or child development）。
- **主班教师**：主班教师是指具有最高专业资历、负责一组儿童并承担教学准备、家长会议、儿童测量和课程规划等主要责任的教师。这位教师也可以指导教学队伍中的其他成员。有的幼儿园称其为班主任或教师。

- **家长**：包括父母和监护人。
- **Sh**：大学学期学分（semester hours of college credit）。
- **后勤员工**：包括厨房、运输、文书和设施维护人员。
- **配班教师**：和主班教师共同承担看护、教育同一组儿童的任务的成员。
- **教职员工**：包括主班教师、配班教师和保育员。

《幼儿园管理量表》（PAS）的使用

- 数据收集程序
- 《幼儿园管理量表》（PAS）的计分

数据收集程序

《幼儿园管理量表》(PAS)旨在供幼儿园管理者和经过培训认证的独立评估者(例如研究人员、顾问和幼儿园评估人员)使用。《幼儿园管理量表》(PAS)的独立评估者应该和幼儿园管理者进行大概两个小时的面谈,并用另外的两个小时来审阅相关文件。在参观幼儿园之前,我们建议评估者提前向幼儿园管理者提供量表和需要审阅的文件的清单。该清单可在麦考密克中心的网站上找到。

在到达幼儿园之后,评估者应该首先请管理者带领,对幼儿园进行简短的参观,包括室内和室外环境以及专门为家长和工作人员设立的空间。完成《幼儿园管理量表》(PAS)中的三个条目的评分,要求对幼儿园进行参观(第7个条目"设施管理";第8个条目"风险管理";第20个条目"现代科技资源")。对于需要文件支持的那些评估指标,评估者应该根据对管理者的访谈记录做初步的评分。访谈之后,再认真核查相应的文件,并在必要时对初步的评分进行修改和调整。

对于第1—21个条目,量表提供了一些指导性的问题来帮助对这些指标进行评分。这些问题列在了每个条目的评分页之前的一页上。园长们可以将这些问题作为对指标评分的提示。独立评估者也会发现这些指导性的问题可以帮助在面谈时从园长那里获取信息。

《幼儿园管理量表》(PAS)的计分

遵循以下两项评分规则,将确保《幼儿园管理量表》(PAS)评分的准确性并促进不同幼儿园的评分实践的一致性。

◆ 为了准确反映幼儿园的管理实践,评估应该严格基于量表的每个条目列出的指标。对于某些指标,评分是根据园长或管理者报告的信息(例如,第6个条目"人员配置模式和工作安排",指标 3.1)。但是,对于大多数指标,有必要审核文档或进行观察,以验证其提供的信息的准确性。对于这些可验证的指标,在指标编号下方会显示"D"(文件或文档)或者"O"(观察)(例如,第 6 个条目"人员配置模式和工作安排",指标 5.1)。

◆ 评分应基于现有的规定和程序,而不是过去的实践或未来的计划。

《幼儿园管理量表》(PAS)的评分应遵循以下步骤。

第一步:条目 1—21 的指标评分

使用以下规则进行指标评分:

◆ 每个条目的指标,请从 1 分(未达最低要求)开始审核,然后逐步推进,直到最高的 7 分(优秀)。在每个适合的指标描述的前面的横线上填写 Y(是)或者 N(否)。

◆ 当量表上显示"N/A,这项可以跳过"时,表示某些指标或者整个条目可以跳过,不评分。被跳过的指标(N/A)不纳入条目的分数计算;被跳过的条目(N/A)不纳入《幼儿园管理量表》(PAS)的总分计算。

◆ 在每页的空白处记录对每个指标的注释或支持证据(例如"园长描述的实践符合量表的标准",或者"已经进行了观察")。

◆ 在对第 1—21 个条目的所有指标进行评估并核实文件后,对于那些没有得分的指标[即评为"No"(否)的指标]在每页底部的"解释"空格中记录原因。

第二步:计算条目 1—21 的得分

使用以下规则来评定条目的得分。

◆ 如果在 1 分的那一列(纵行),有一个 Y(是)的评分,那么条目的得分为 1 分。如果在 1 分的那一列评分都是 N(否),但在 3 分的那一列,少于一半的指标被评为 Y(是),那么条目的得分仍然为 1 分。

◆ 如果在 1 分的那一列,所有评分都是 N(否),而且在 3 分的那一列,至少一半的指标被评为 Y(是),那么条目的得分为 2 分。

- 如果在1分的那一列，所有评分都是N（否），而且在3分的那一列，所有评分都是Y（是），那么条目的得分为3分。
- 如果在1分的那一列，所有评分都是N（否），在3分的那一列，所有评分都是Y（是），而且在5分的那一列，至少一半的指标被评为Y（是），那么条目的得分为4分。
- 如果在1分的那一列，所有评分都是N（否），在3分的那一列，所有评分都是Y（是），而且在5分的那一列，所有评分都是Y（是），那么条目的得分为5分。
- 如果在1分的那一列，所有评分都是N（否），在3分和5分的那两列，所有评分都是Y（是），而且在7分的那一列，至少一半的指标被评为Y（是），那么条目的得分为6分。
- 如果在1分的那一列，所有评分都是N（否），在3分、5分和7分的那三列，所有评分都是Y（是），那么条目的得分为7分。

在每一页右下角的得分栏处，圈出每个条目的分数。

第三步：计算条目22—25的得分

填写《**管理者资格表**》（见本书第75页），仅一名员工可以被指定为管理者。

- 使用表格信息来评估第22个条目中关于管理者的指标。
- 遵循在第一步和第二步中的评分规则。

填写《**教职员工资格表**》（见本书第76页），每个班级（每组儿童）一份。根据需要复制表格。

- 完成PAS，需要指定一名主班教师，负责同一组儿童的看护和教育。主班教师是具有最高专业资历的教师。如果还有其他教师，那么主班教师就是有最高资历的那位教师。
- 指定一名配班教师，也就是和主班教师共同看护、教育同一组儿童的教师。
- 指定一名保育员，也就是在主班教师和配班教师的指导下，共同看护、教育同一组儿童的成员。

人事成本与分配

4. 薪酬

	1	2	3	4	5	6	7
	未达最低要求		满足最低要求		良好		优秀
	_N_ 1.1 没有书面的薪级表。*		_Y_ 3.1 D 部分员工可以接触到书面的薪级表。*		_Y_ 5.1 D 所有员工可以接触到书面的薪级表。*		_Y_ 7.1 D 在过去的五年中，至少两次检查或审核薪级表，以确保内部公平和外部公平。**
	_N_ 1.2 书面的薪级表是单纯根据职务来制定的。		_Y_ 3.2 D 书面的薪级表根据职务、教育水平和专业背景而有差异。***		_N_ 5.2 D 书面的薪级表根据职务、教育水平、专业背景和工作经验而有差异。***		_Y_ 7.2 D 书面的薪级表根据职务、教育水平、专业背景、工作经验和专业资格而有差异。***
	_N_ 1.3 在过去的两年，所有员工（管理人员、教职员工和后勤员工）都没有加薪。		_Y_ 3.3 D 在过去的两年，所有员工（管理人员、教职员工和后勤员工）都加薪。		_N_ 5.3 D 在过去的三年，所有员工（管理人员、教职员工和后勤员工）每年都加薪。		_N_ 7.3 D 幼儿园有薪酬计划，在每年加薪的基础上再进行基于业绩的加薪。

解释：
5.1：只有园长能接触到书面的薪级表
7.3：没有业绩加薪

根据本书第 11—13 页的评分规则来圈出最后分数。
1　　2　　3　　(4)　　5　　6　　7

4. 薪酬

Copyright © 2011, Talan and Bloom, *Program Administration Scale* (2nd ed.). All rights reserved.

- 不是所有幼儿园都有配班教师和保育员。
- 使用《**教职员工资格表**》信息来评估第 23 个条目中关于主班教师的指标、第 24 个条目中关于配班教师的指标、第 25 个条目中关于保育员的指标。
- 复制足够的条目 23、24 和 25 的评分页，以便对每个教职员工的资格进行单独评估。
- 遵循在第一步和第二步中的评分规则，对有关教师资格的第 23、24 和 25 个条目进行评分。

填写《**教职员工资格汇总表**》（见本书第 77 页）。

- 将每个教职员工的条目分数填到《**教职员工资格汇总表**》上。
- 用所有主班教师的分数来计算条目 23 的平均得分。将这个平均分数四舍五入到整数，然后填写在本书第 78 页的《**条目总结**》表格上的第 23 项。
- 用所有配班教师的分数来计算条目 24 的平均得分。将这个平均分数四舍五入到整数，然后填写在本书第 78 页的《**条目总结**》表格上的第 24 项。
- 用所有保育员的分数来计算条目 25 的平均得分。将这个平均分数四舍五入到整数，然后填写在本书第 78 页的《**条目总结**》表格上的第 25 项。

第四步：计算《幼儿园管理量表》（PAS）总得分

PAS 总分是条目得分的总和。计算 PAS 总分，需要将单个条目的分数填写到本书第 78 页的《**条目总结**》上，然后对整个量表的条目分数求总和。

- 如果幼儿园的人员配置包括配班教师**和**保育员，那么 PAS 的总分是 25 个条目的总和，分数的可能范围是 25—175 分。
- 如果幼儿园的人员配置包括配班教师**或者**保育员，那么 PAS 的总分是 24 个条目的总和，分数的可能范围是 24—168 分。
- 如果幼儿园的人员配置不包括配班教师**或者**保育员，那么 PAS 的总分是 23 个条目的总和，分数的可能范围是 23—161 分。

条目总结

幼儿园：幼儿园名称　　　　　　　　　　　　　　　　　　　　　　　日期：2011.3.7

使用说明

用此表格来总结条目得分，并计算 PAS 总分和平均分。

- 在提供的分数栏中输入每个条目的得分。
- 对所有的条目得分求和，然后填入表格底部的"PAS 总分"栏中。
- PAS 总分除以条目的数目［所有幼儿园不得少于 23 项；对于人员配置包括配班教师和（或者）保育员的幼儿园，条目数目为 24 项或 25 项］。得出的分数是"PAS 平均分"。

条目	分数
1. 新员工培训	3
2. 监督和工作表现评估	5
3. 员工发展	4
4. 薪酬	4
5. 福利	6
6. 人员配置模式和工作安排	2
7. 设施管理	4
8. 风险管理	4
9. 内部沟通	5
10. 评估和确认特殊需要	6
11. 评估以支持学习	5
12. 预算规划	4
13. 财务管理实践	5
14. 幼儿园评估	6
15. 战略计划	3
16. 家长沟通	5
17. 家长支持与参与	6
18. 外界交流	3
19. 社区外联	4
20. 现代科技资源	3
21. 现代科技的使用	3
22. 管理者	3
23. 主班教师	4
24. 配班教师	N/A
25. 保育员	2

条目总分　　99　÷　24　=　4.13

　　　　　　PAS 总分　　计分的条目数　　PAS 平均分

Copyright © 2011, Talan and Bloom, *Program Administration Scale* (2nd ed.). All rights reserved.

第五步：计算《幼儿园管理量表》（PAS）的平均分

使用《条目总结》表格来计算 PAS 的平均分，即 PAS 的总分除以计分的条目数［所有幼儿园必须评估前 23 个条目；有的幼儿园可以评估 24 个或者 25 个条目，这取决于幼儿园是否有配班教师和（或者）保育员］。

第六步：在《〈幼儿园管理量表〉（PAS）图谱》上标示条目得分

在本书第 79 页的《〈幼儿园管理量表〉（PAS）图谱》上标出每个条目的得分点，然后把这些点连线。在图谱的底部填写 PAS 总分、计分的条目数和 PAS 平均分。

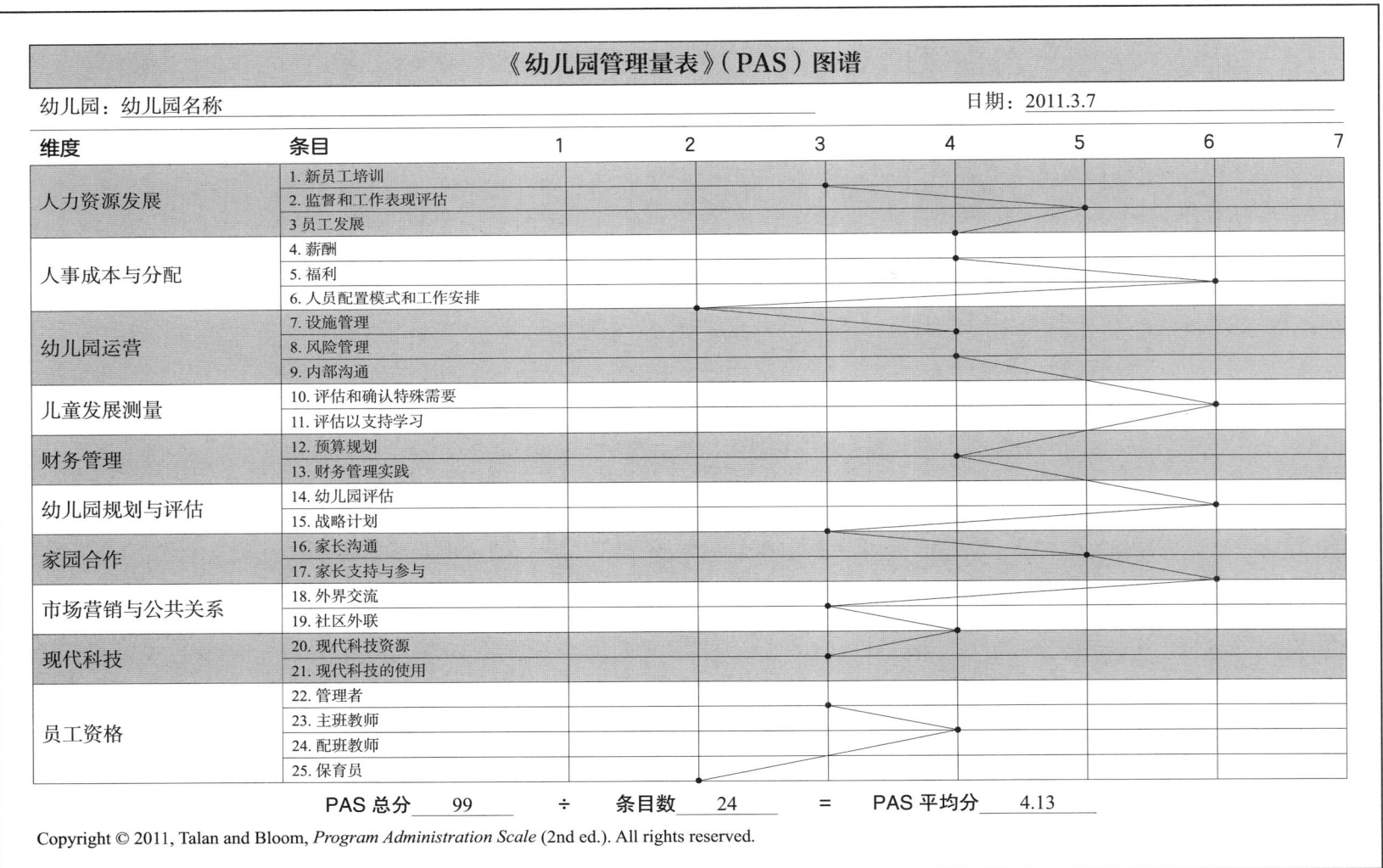

《幼儿园管理量表》(PAS)的具体内容

- 人力资源发展
- 人事成本与分配
- 幼儿园运营
- 儿童发展测量
- 财务管理
- 幼儿园规划与评估
- 家园合作
- 市场营销与公共关系
- 现代科技
- 员工资格

维度和评分条目

人力资源发展
1. 新员工培训
2. 监督和工作表现评估
3. 员工发展

人事成本与分配
4. 薪酬
5. 福利
6. 人员配置模式和工作安排

幼儿园运营
7. 设施管理
8. 风险管理
9. 内部沟通

儿童发展测量
10. 评估和确认特殊需要
11. 评估以支持学习

财务管理
12. 预算规划
13. 财务管理实践

幼儿园规划与评估
14. 幼儿园评估
15. 战略计划

家园合作
16. 家长沟通
17. 家长支持与参与

市场营销与公共关系
18. 外界交流
19. 社区外联

现代科技
20. 现代科技资源
21. 现代科技的使用

员工资格
22. 管理者
23. 主班教师
24. 配班教师
25. 保育员

Copyright © 2011, Talan and Bloom, *Program Administration Scale* (2nd ed.). All rights reserved.

人力资源发展

1. 新员工培训

注释	指导问题
* 新员工入职培训的书面资料**必须**是具体针对幼儿园的，尽管也可以包括主办机构（更高层的）的入职培训。 新员工的入职培训文案**必须**包括： ■ 培训的时间框架 ■ 培训的具体活动安排 ■ 培训的参与者 ■ 具体的要求雇员们填写的表格 ■ 分发给员工的书面的培训程序和要求 ** 保证新员工入职培训的贯彻执行的系统**必须**包括： ■ 可见的、具体的证据 ■ 多人的参与 ■ 明确的问责流程 *** 征求意见的目的是让新员工有机会帮助改善培训程序。	新成员被雇用后会发生什么？ • 有入职培训吗？包括什么内容？ • 新员工会收到哪些书面材料？ • 新员工有试用期并收到主管的建议和反馈吗？ • 在正式就职前，新的教职员工与幼儿园的儿童、同事见过面吗？ • 作为入职培训的一部分，新的教职员工有机会在正式就职前观察所分配班级的教室和儿童吗？ 有书面的新员工入职培训程序吗？ • 包括什么内容？ • 这些书面的程序会被检查或审核吗？多久一次？ 是否贯彻执行新员工入职培训？ • 有既定的系统保证新员工入职培训的贯彻执行吗？ • 入职培训是如何结束的？新雇员可以为入职培训提供意见和建议吗？

Copyright © 2011, Talan and Bloom, *Program Administration Scale* (2nd ed.). All rights reserved.

《幼儿园管理量表》（PAS）的具体内容

1. 新员工培训

1	2	3	4	5	6	7
未达最低要求		满足最低要求		良好		优秀

__1.1 没有新员工入职培训。

__3.1 有新员工入职培训，内容
D　　包括岗位描述、职工手册、
　　　家长手册和人事政策。

__5.1 新员工入职培训包括在
D　　初始或试用阶段收到主
　　　管的建议和反馈。

__7.1 新的教职员工的入职培
D　　训包括对教室的观察以
　　　及在就职之前和儿童、
　　　同事的见面。

__1.2 没有书面的新员工入
　　　职培训程序。

__3.2 有书面的新员工入职培训
D　　程序。*

__5.2 书面的新员工入职培训
D　　程序在最近的三年内被
　　　检查或审核过。*

__7.2 书面的新员工入职培训
D　　程序每年都会被检查或
　　　审核。*

__1.3 没有贯彻执行新员工
　　　入职培训。

__3.3 贯彻执行新员工入职培训。
D

__5.3 幼儿园有既定的系统来
D　　保证新员工入职培训的
　　　贯彻执行。**

__7.3 征求新员工对初始或试
D　　用阶段的入职培训的书
　　　面建议和意见。***

解释：

根据本书第 11—13 页的评分规则来圈出最后分数。

| 1 | 2 | 3 | 4 | 5 | 6 | 7 |

1. 新员工培训

Copyright © 2011, Talan and Bloom, *Program Administration Scale* (2nd ed.). All rights reserved.

23

2. 监督和工作表现评估

注释	指导问题
这个注释仅限于教职员工的监督和工作表现评估。 * 教职员工专业发展的目标**必须**是和工作表现评估的标准相关的，并具体指出需要提升的领域。 **专业发展活动**是指帮助达到目标的具体措施（例如，大学课程、在线教育、工作坊、指导教师的教学观察、同事的教学观察）。 ** 对教职员工的教学观察的目的，完全是为了对他进行评估并提出建议。 *** 为教职员工经常提供反馈意见和建议的系统**必须**包括： ■ 可见的、具体的证据 ■ 多人的参与 ■ 明确的问责流程	如何评估教职员工的工作表现？ • 工作表现评估多久进行一次？ • 谁参与评估？如何参与？ • 工作表现评估包括设立与评估标准相关的目标吗？ • 工作表现评估包括具体的专业发展的措施吗？ 用什么样的标准来评估教职员工的工作表现？ • 标准大部分是主观的，还是客观的？ • 标准是根据职位角色和具体的工作职责而定的吗？ • 工作表现评估考虑其他证据吗？ 如何为教职员工提供监督和支持？ • 对教职员工进行正式的教学观察吗？多久一次？ • 在观察之后，为教职员工提供反馈意见吗？多久一次？ • 有确保为教职员工经常提供反馈意见和建议的系统吗？

Copyright © 2011, Talan and Bloom, *Program Administration Scale* (2nd ed.). All rights reserved.

2. 监督和工作表现评估

1	2	3	4	5	6	7
未达最低要求		**满足最低要求**		**良好**		**优秀**

	未达最低要求		满足最低要求		良好		优秀
__1.1	管理者不对所有教职员工（主班教师、配班教师、保育员）进行书面的工作表现评估。	__3.1 D	管理者对所有教职员工（主班教师、配班教师、保育员）进行书面的工作表现评估。	__5.1 D	所有教职员工（主班教师、配班教师、保育员）参与工作表现的评估（例如书面的自我评估）。	__7.1 D	对所有教职员工（主班教师、配班教师、保育员）工作表现的书面评估包括下一年的目标设立和专业发展的活动。*
__1.2	工作表现评估的标准大部分是主观的，基于一定的品格特征（例如，教师很温暖、友好、有爱心）。	__3.2 D	工作表现评估的标准大部分是客观的，基于行为特征（例如，教师对儿童采取积极的引导方式，使用开放式的问题）。	__5.2 D	工作表现评估的标准根据职位角色和具体的工作职责而定。	__7.2 D	工作表现的评估包括多重证据（例如教学实例、家长反馈意见、同事反馈意见等）。
__1.3	对教职员工的正式的教学观察不是监督和工作表现评估的一部分。**	__3.3 D	对教职员工的正式的教学观察是监督和工作表现评估的一部分。**	__5.3 D	一年内，主管人员至少对教职员工进行三次正式的教学观察，并基于观察提供书面或口头的反馈意见和建议。**	__7.3 D	幼儿园有既定的系统，为所有教职员工经常地提供反馈意见和建议。***

解释：

根据本书第 11—13 页的评分规则来圈出最后分数。

1　2　3　4　5　6　7

2. 监督和工作表现评估

Copyright © 2011, Talan and Bloom, *Program Administration Scale* (2nd ed.). All rights reserved.

3. 员工发展

注释	指导问题
* 个体化的专业发展或培训模式**必须**包括： ■ 一个员工的具体的发展或培训需求 ■ 制订具体的计划来满足这些发展或培训需求 ** 支持教职员工和管理人员的职业发展的系统**必须**包括： ■ 可见的、具体的证据 ■ 多人的参与 ■ 明确的问责流程	幼儿园为员工提供在岗或外出培训机会吗？ • 为哪些员工提供？ • 为员工提供的培训是针对特定工作的吗？为哪些员工提供培训？ 幼儿园有关于员工发展或培训的政策吗？ • 员工培训要求不少于多少个小时？ • 记录员工培训时间的程序是怎样的？ • 培训是针对员工的个人需求吗？如何做到？ 政府资助的、公办幼儿园的员工专业培训有哪些？ • 员工是如何获得这些信息的？ • 有既定的系统来支持员工的职业发展吗？

Copyright © 2011, Talan and Bloom, *Program Administration Scale* (2nd ed.). All rights reserved.

3. 员工发展

1	2	3	4	5	6	7
未达最低要求		满足最低要求		良好		优秀

__1.1 不为员工提供专业发展的资金。

__3.1 为所有教职员工提供在岗或外出培训的资金。 D

__5.1 为所有教职员工、后勤员工和管理人员提供在岗或外出培训的资金。 D

__7.1 为员工提供针对其工作性质的培训资金（例如，管理人员可接受有关预算的培训；教职员工可接受有关儿童行为的积极指导的培训）。 D

__1.2 幼儿园没有具体的政策要求所有教职员工和管理人员每年参加至少15小时的专业培训，并且没有保留培训记录。

__3.2 幼儿园有具体的政策，要求所有教职员工和管理人员每年参加至少15小时的专业培训，并且保留培训记录。 D

__5.2 幼儿园有具体的政策，要求所有教职员工和管理人员每年参加至少20小时的专业培训，并且保留培训记录。 D

__7.2 幼儿园为所有教职员工和管理人员提供个体化的专业培训。* D

__1.3 管理者对政府资助的、公办幼儿园的员工专业培训的机会和信息（例如工作坊、奖学金、工资提升项目）缺乏了解。

__3.3 管理者了解政府资助的、公办幼儿园的员工专业培训的机会和信息（例如工作坊、奖学金、工资提升项目）。

__5.3 幼儿园经常张贴或通知有关政府资助的、公办幼儿园的员工专业培训的机会和信息（例如工作坊、奖学金、工资提升项目）。 D

__7.3 幼儿园有既定的系统来支持教职员工和管理人员的职业发展（例如，与主管或导师定期讨论职业发展的进度）。** D

解释：

根据本书第11—13页的评分规则来圈出最后分数。

1　2　3　4　5　6　7

3. 员工发展

Copyright © 2011, Talan and Bloom, *Program Administration Scale* (2nd ed.). All rights reserved.

人事成本与分配

4. 薪酬

注释	指导问题
* **可以接触到**，意思是可以不受限制地看到书面的薪级表。薪级表明确显示根据预定的标准，新员工的起薪是多少。	有书面的薪级表吗？ • 什么人可以接触到薪级表？ • 薪级表多久会被审核或修订一次？审核或修订的目的是什么？
** **内部公平**是指机构内部不同工种之间的关系；这种内部公平是通过分析，确定不同工种对实现机构目标的相对价值和贡献来获得的。 **外部公平**是指在外部的劳工市场上，类似的工作之间的关系；这种外部公平是通过按照市场上相似专业背景人员的工资水平为员工支付工资来达成的。	薪级的制定是根据什么样的标准？ • 是根据不同的职务吗？ • 是根据不同的教育水平和专业背景吗？ • 是根据教龄吗？ • 是根据专业资格吗？
*** **教育水平**是指员工接受普通教育的水平（例如高中学历、专科学历或本科学历）。 **专业背景**是指与工作职务相关的大学课程或其他专职培训。 **专业资格**是指由州政府或国家颁发给早期教育工作者的证书或执照，以示对他们的专业技能的认可。	员工可以有什么样的加薪？ • 上一次加薪是什么时候？ • 是所有的员工都加薪吗？ • 在过去的三年，员工们每年都加薪吗？是所有的员工都加薪吗？ • 除了年薪增加外，员工是否获得基于业绩的加薪？

Copyright © 2011, Talan and Bloom, *Program Administration Scale* (2nd ed.). All rights reserved.

4. 薪酬

1 未达最低要求	2	3 满足最低要求	4	5 良好	6	7 优秀
__1.1 没有书面的薪级表。*		__3.1 D 部分员工可以接触到书面的薪级表。*		__5.1 D 所有员工可以接触到书面的薪级表。*		__7.1 D 在过去的五年中，至少两次检查或审核薪级表，以确保内部公平和外部公平。**
__1.2 书面的薪级表是单纯根据职务来制定的。		__3.2 D 书面的薪级表根据职务、教育水平和专业背景而有差异。***		__5.2 D 书面的薪级表根据职务、教育水平、专业背景和工作经验而有差异。***		__7.2 D 书面的薪级表根据职务、教育水平、专业背景、工作经验和专业资格而有差异。***
__1.3 在过去的两年，所有员工（管理人员、教职员工和后勤员工）都没有加薪。		__3.3 D 在过去的两年，所有员工（管理人员、教职员工和后勤员工）都加薪。		__5.3 D 在过去的三年，所有员工（管理人员、教职员工和后勤员工）每年都加薪。		__7.3 D 幼儿园有薪酬计划，在每年加薪的基础上再进行基于业绩的加薪。

解释：

根据本书第 11—13 页的评分规则来圈出最后分数。

1　　2　　3　　4　　5　　6　　7

4. 薪酬

Copyright © 2011, Talan and Bloom, *Program Administration Scale* (2nd ed.). All rights reserved.

5．福利	
注释	指导问题
术语解释： 　　除非幼儿园在人事政策或员工手册里对"全职"有不同的定义，否则**所有全职员工**是指每周工作至少 35 小时的员工。 　　**所有员工**是指每周工作至少 20 小时的全职或兼职员工。实习的、季节性雇用的或兼职的人员，每周工作少于 20 小时，不包括在其中。 　*　如果幼儿园没有全职员工，这项可以跳过。 　**　假期是指带薪的休息日，是法定节假日之外的假期。 ***　专业发展的资金给员工经济上的支持，帮助他们获得自己选择的专业发展机会，但可能需要主管人员的批准。	全职员工有什么样的医疗保险？ • 幼儿园负责支付一定百分比的员工的保险金吗？ 所有员工可以享受什么样的病假或私假福利？ • 入职的第一年，员工有病假或私假吗？ 所有员工可以享受什么样的带薪假期？ • 入职的第一年，员工有带薪假期吗？ • 带薪假期会随着工作年限的增加而增加吗？ 全职员工有什么样的养老保险？ • 雇主会为员工缴纳其收入的一定比例的资金到他们的养老保险金里吗？ 全职员工有什么样的专业发展福利？ • 有特定数目的资金吗？

Copyright © 2011, Talan and Bloom, *Program Administration Scale* (2nd ed.). All rights reserved.

5. 福利

	1	2		3	4		5	6		7
	未达最低要求			**满足最低要求**			**良好**			**优秀**

__1.1 所有全职员工不可以购买由雇主支付部分款项的医疗保险（N/A，这项可以跳过）。*	__3.1 D 所有全职员工可以购买由雇主支付部分款项的医疗保险（N/A，这项可以跳过）。*	__5.1 D 所有全职员工可以购买由雇主支付50%或更多的医疗保险（N/A，这项可以跳过）。*	__7.1 D 所有全职员工可以购买由雇主支付66%或更多的医疗保险（N/A，这项可以跳过）。*
__1.2 在入职的第一年，所有员工不可以请至少6天的病假或私假。	__3.2 D 在入职的第一年，所有员工可以请至少6天的病假或私假。	__5.2 D 在入职的第一年，所有员工可以请9天或更长时间的病假或私假。	__7.2 D 在入职的第一年，所有员工可以请12天或更长时间的病假或私假。
__1.3 在入职的第一年，所有员工没有至少5天的带薪假期。**	__3.3 D 在入职的第一年，所有员工都有5天或更长时间的带薪假期。**	__5.3 D 在入职的第二年和第三年，所有员工都有10天或更长时间的带薪假期。**	__7.3 D 在入职的第四年，所有员工都有15天或更长时间的带薪假期。**
1.4 所有全职员工不可以缴纳养老保险金（N/A，这项可以跳过）。*	__3.4 D 所有全职员工可以缴纳养老保险金（N/A，这项可以跳过）。*	__5.4 D 雇主帮助缴纳员工收入的3%或更多的养老保险金（N/A，这项可以跳过）。*	__7.4 D 雇主帮助缴纳员工收入的5%或更多的养老保险金（N/A，这项可以跳过）。*
1.5 雇主没有任何支付或补偿员工的专业发展费用的规定。***	__3.5 D 雇主有支付或补偿员工的专业发展费用的相关规定。***	__5.5 D 雇主每年为员工支付100美元或更多的专业发展费用。***	__7.5 D 雇主每年为员工支付200美元或更多的专业发展费用。***

解释：

根据本书第11—13页的评分规则来圈出最后分数。

1　　2　　3　　4　　5　　6　　7

5. 福利

6. 人员配置模式和工作安排

注释	指导问题
* **重新分组以维持政府规定的教师—儿童比例**是指当一名教职员工缺席，导致师生比例不符合标准时，需要将儿童从一组移到另外一组。 ** **在早晨入园时或在放学前被重新分组**是指当儿童人数较少时进行的有规律的、有意的重组。 *** 工作时间的（付费的）教学准备可以在儿童午睡时间进行，只要不影响对儿童的合理监护即可。	为儿童重新分组，以维持政府规定的教师—儿童比例。这样的情况发生的频率有多高？ • 儿童被重新分组以维持师生比例有固定的时间段吗？在什么时间段？ • 当有教职员工缺席时，教室里的教职员工配置是如何实现的？ 是否允许教职员工在工作时间（付费的时间）来准备教学？ • 多久一次？一次多长时间？ • 在哪里？有儿童在场吗？ • 教职员工是否互相合作来准备教学？频率多高？有哪些人参与？ 在为员工工作制定排班表的时候，会考虑哪些情况？ • 会允许一个员工独自和一个孩子待在幼儿园里吗？ • 会允许一个员工独自和一个孩子待在教室里吗？如果是，在什么时间？多久？ 管理人员到教室里帮忙，以维持政府规定的教师—儿童比例。这种情况发生的频率有多高？

Copyright © 2011, Talan and Bloom, *Program Administration Scale* (2nd ed.). All rights reserved.

6. 人员配置模式和工作安排

1	2	3	4	5	6	7
未达最低要求		**满足最低要求**		**良好**		**优秀**

__1.1 一年中，儿童被重新分组以维持政府规定的教师—儿童比例的次数是6次或更多。*

__1.2 没有划定的工作时间（付费的）让教职员工来准备教学。***

__1.3 在幼儿园里有儿童的情况下，幼儿园不能保障配备两个或两个以上的员工。

__1.4 管理人员到教室里帮忙，以维持政府规定的教师—儿童比例。这样的情况一周超过1次（N/A，儿童人数少于60个的幼儿园可以跳过这项）。

__3.1 一年中，儿童被重新分组以维持政府规定的教师—儿童比例的次数少于6次。*

__3.2 有划定的工作时间（付费D 的）让教职员工来准备教学。***

__3.3 在幼儿园里有儿童的情况D 下，幼儿园能够配备两个或两个以上的员工。

__3.4 管理人员到教室里帮忙，以维持政府规定的教师—儿童比例。这样的情况一周不超过1次（N/A，儿童人数少于60个的幼儿园可以跳过这项）。

__5.1 通过配备"多余的教师"或D "流动教师"，来应对教师的缺席。

__5.2 工作时间内的（付费的）教D 学准备，至少每两周进行一次；所有与同组儿童一起工作的教职员工都参与其中。

__5.3 每一间教室里只要有儿童在，D 幼儿园都会配备两个或更多的员工（运营的第一个小时和最后一个小时除外）。

__5.4 管理人员到教室里帮忙，来维持政府规定的教师—儿童比例。这样的情况一个月不超过1次（N/A，儿童人数少于60个的幼儿园可以跳过这项）。

__7.1 人员配置可以满足每间教室D 的教师需求，避免儿童在早晨入园时或在放学前被重新分组。**

__7.2 在没有儿童的情况下，教职D 员工每天至少有30分钟的工作时间（付费的）用来准备教学。

__7.3 每一间教室里只要有儿童在，D 幼儿园都会配备两个或更多的员工（包括运营的第一个小时和最后一个小时）。

__7.4 管理人员到教室里帮忙，以维持政府规定的教师—儿童比例。这样的情况一年不超过4次（N/A，儿童人数少于60个的幼儿园可以跳过这项）。

解释：

根据本书第11—13页的评分规则来圈出最后分数。

1　　2　　3　　4　　5　　6　　7

6．人员配置模式和工作安排

Copyright © 2011, Talan and Bloom, *Program Administration Scale* (2nd ed.). All rights reserved.

幼儿园运营

7. 设施管理

注释	指导问题
* **看起来安全**是指对建筑设施、设备和室外环境的总体印象是干净、维护得当。 ** 日常维护的例子**可以**包括： - 请专业清洁公司来做清洁工作 - 请专业公司来做空调系统的专业维护 - 户外活动场地设备、灭火器或报警系统的维修记录 - 其他_____ *** 设施日常维护的系统**必须**包括： - 可见的、具体的证据 - 多人参与 - 明确的问责流程 **** 满足员工需求的空间**必须**包括： - 独立的成人卫生间 - 封闭的私人物件存放区 - 每间教室里配备一把成人椅子或一张沙发 ***** 专业图书室**必须**包括： - 至少 25 本早期教育方面的图书 - 至少 12 本早期教育方面的杂志或期刊	设施日常维护的例子有哪些？ - 有没有既定的系统来保证日常维护能够按期执行？ 在空间上是如何满足员工需求的？ - 为员工提供什么样的设施、设备、办公家具和材料？ 有行政办公空间吗？ - 在哪里？ - 有办公空间可以进行私密会议吗？ - 办公空间里有哪些设施和装备？

Copyright © 2011, Talan and Bloom, *Program Administration Scale* (2nd ed.). All rights reserved.

7. 设施管理

1	2	3	4	5	6	7
未达最低要求		满足最低要求		良好		优秀

__1.1 幼儿园和（或者）室外环境看起来不安全。*

__1.2 不提供员工所需的空间。****

__1.3 没有行政办公的空间。

__3.1 幼儿园和室外环境看起来安全。*
O

__3.2 提供员工需求的空间。****
O

__3.3 有行政办公的空间，并配备成人书桌或工作台、成人椅子和文件柜。
O

__5.1 至少有两个例子证明设施的日常维护。**
D

__5.2 有配备成人家具的空间，供员工休息、开会和备课（允许双重使用）。
O

__5.3 有独立的行政办公空间，可进行私密谈话和会议。
O

__7.1 幼儿园有设施的日常维护的既定系统。***
D

__7.2 有专供员工使用的空间，并且为员工提供专业图书室。*****
O

__7.3 行政办公空间配备计算机、打印机、网络、传真机、扫描仪、复印机、电话应答机或有留言功能的电话。
O

解释：

根据本书第 11—13 页的评分规则来圈出最后分数。

1　　2　　3　　4　　5　　6　　7

7. 设施管理

Copyright © 2011, Talan and Bloom, *Program Administration Scale* (2nd ed.). All rights reserved.

8. 风险管理

注释	指导问题
* 幼儿园的风险管理计划**必须**包括： ■ 在紧急情况下（如火灾、暴风雨、入侵、事故）有明确的应急程序 ■ 有清楚的程序来减少被指控虐待／忽略儿童的风险（如家长随时可以来访的政策，坚持使用事故报告，家长每日接送签到） ■ 有清楚的程序来维护人、设施、设备以及物资／材料的安全（如通用预防措施，玩具消毒，维修灭火器和报警器） ** 保障所有教职员工和临时代班教师都能接触到儿童的紧急医疗信息的系统**必须**包括： ■ 可见的、具体的证据 ■ 多人参与 ■ 明确的问责流程 *** 保证紧急情况的演习按计划执行的系统**必须**包括： ■ 可见的、具体的证据 ■ 多人参与 ■ 明确的问责流程	幼儿园有书面的风险管理计划吗？ • 风险管理计划包括什么内容？ • 风险管理计划被放置在哪里？ • 这个计划多久会被审核或修改一次？ 儿童的过敏症和慢性病信息是如何备案或记录的？ • 儿童的过敏症和慢性病信息被存放在哪里？ • 这些信息是如何传达给员工的？ • 这些信息是如何传达给临时代班教师的？ 幼儿园进行过什么样的紧急情况的演习？ • 每种演习多久进行一次？ • 演习是如何被评估的？ • 有没有建立制度以保证紧急情况的演习按计划执行？ 员工接受什么样的培训来应对紧急的医疗事故？ • 有多少员工接受过心肺复苏术和急救的认证培训？ • 培训过的员工要求在什么时间必须在岗？ • 认证培训多久提供一次？

Copyright © 2011, Talan and Bloom, *Program Administration Scale* (2nd ed.). All rights reserved.

8. 风险管理

1	2	3	4	5	6	7
未达最低要求		满足最低要求		良好		优秀

__1.1 没有书面的风险管理计划。		__3.1 有书面的风险管理计划。* D		__5.1 每间教室里都备有书面的风险管理计划。* O		__7.1 每年都会审核书面的风险管理计划。* D
__1.2 儿童过敏信息没有张贴在教室里，而且儿童的慢性病信息没有文件备案。		__3.2 儿童过敏信息张贴在教室里，而且儿童的慢性病信息有文件备案。 O		__5.2 儿童的慢性病信息在教室和幼儿园里均有文件备案。 O		__7.2 幼儿园建立了制度，以保障所有教职员工（包括临时代班教师）都能接触到儿童的慢性病信息。** D
__1.3 过去一年里没有执行每月一次的消防演习。		__3.3 过去一年里消防演习每月进行一次，并且室内的紧急情况演习（如暴风雨、坏人入侵）每年进行两次。 D		__5.3 消防和室内紧急情况演习的记录里包含了改进计划。 D		__7.3 幼儿园建立了制度，以保证紧急情况的演习按计划执行。*** D
__1.4 在所有营业时间内，幼儿园里不能确保有至少一个接受过心肺复苏术和急救培训的员工在岗。		__3.4 在所有营业时间内，幼儿园里确保有至少一个接受过心肺复苏术和急救培训的员工在岗。		__5.4 每间教室都配备了至少一个接受过心肺复苏术和急救培训的员工。 D		__7.4 幼儿园每年都为员工提供心肺复苏术和急救的认证培训。 D

解释：

根据本书第11—13页的评分规则来圈出最后分数。

1　　2　　3　　4　　5　　6　　7

8. 风险管理

Copyright © 2011, Talan and Bloom, *Program Administration Scale* (2nd ed.). All rights reserved.

9. 内部沟通

注释	指导问题
* 内部沟通不同方式的例子**可以**包括： 　■ 面对面的沟通 　■ 幼儿园季刊 　■ 内部备忘录 　■ 电子邮件 　■ 员工公告栏 　■ 电话留言 　■ 手机短信 　■ 留言簿 　■ 传单或纸条 　■ 其他_____ ** **纪要**是指会议内容的书面记录。 *** 解决冲突的政策不只是简单描述找谁去申诉。政策必须**回答**在工作环境中如何解决冲突，并表达对员工通过坦诚、专业的沟通来解决纠纷的期望。	幼儿园用怎样的方式来向员工传达信息？ 有定期的员工会议吗？ • 全园的员工会议有几次？ • 团队会议有几次？ 谁在参与全园员工会议的策划？ 谁在协助全园员工会议的议题讨论？ 员工会议有书面纪要吗？ • 纪要包含什么内容？ • 如何利用纪要？ • 员工可以在什么时间浏览纪要？ 员工纠纷是如何解决的？ • 有没有解决员工纠纷的书面政策？内容是什么？ • 有没有为员工提供解决冲突的培训？ • 有没有书面指导，用于帮助员工执行解决冲突的政策？

Copyright © 2011, Talan and Bloom, *Program Administration Scale* (2nd ed.). All rights reserved.

9. 内部沟通

1	2	3	4	5	6	7
未达最低要求		满足最低要求		良好		优秀

- __1.1 信息仅以口头形式传达。
- __3.1 D 信息以两种或两种以上的方式传达。*
- __5.1 D 信息以四种或四种以上的方式传达。*
- __7.1 D 信息以6种或6种以上的方式传达。*

- __1.2 每年没有至少两次的约定的全园员工会议。
- __3.2 D 每年有至少两次约定的全园员工会议。
- __5.2 D 有约定的每月至少一次的员工会议（可以包括团队或全园范围的会议）。
- __7.2 D 有约定的每月至少两次的员工会议（可以包括团队或全园范围的会议）。

- __1.3 员工不参与全园会议的策划。
- __3.3 D 员工参与全园会议的策划
- __5.3 D 在全园会议上，教职员工有时候会领导议题的讨论。
- __7.3 D 在全园会议上，教职员工经常领导议题的讨论。

- __1.4 员工会议没有记录讨论话题和决定的会议纪要。**
- __3.4 D 员工会议有记录讨论话题和决定的会议纪要。**
- __5.4 D 会议纪要包含对做出的决定的执行计划（如具体的活动、时间和负责人）。**
- __7.4 D 会议纪要在会议开始之前传达给员工，并且在下次会议时回顾或讨论执行计划。**

- __1.5 没有书面的关于解决员工纠纷、冲突的政策。***
- __3.5 D 有书面的关于解决员工纠纷、冲突的政策。***
- __5.5 D 在过去一年里为员工提供过解决冲突方面的培训。
- __7.5 D 有书面的指导，帮助员工执行解决冲突的政策（如行为或沟通策略）。***

解释：

根据本书第11—13页的评分规则来圈出最后分数。

1　2　3　4　5　6　7

9. 内部沟通

Copyright © 2011, Talan and Bloom, *Program Administration Scale* (2nd ed.). All rights reserved.

儿童发展测量

10. 评估和确认特殊需要

注释	指导问题
* **筛查**是鉴定儿童有潜在的学习和发展问题的两个步骤中的第一步。可使用筛查工具来决定是否应该把儿童推荐给专业人员接受进一步的评估。 ** **保障措施**必须包括： ■ 筛查的执行和结果的解释都是由合格的专业人员来进行的 ■ 使用多重证据（如家长和教师分别基于在家里和幼儿园里对儿童进行的观察而提供的意见） ■ 筛查使用儿童的主要语言（或母语） *** **特殊计划**是指教师在教学常规、活动和时间方面做出的调整。 **** 幼儿园支持与专业人员合作的**系统**必须包括： ■ 可见的、具体的证据 ■ 多人参与 ■ 明确的问责流程 支持与专业人员合作的系统必须满足的一个条件是有个别化教育计划（IEP）或者个别化家庭服务计划（IFSP），而且这些计划中包括了幼儿园管理人员和（或者）教职员工的参与。	是否对儿童进行筛查以鉴定其可能存在的特殊需要？ • 儿童是如何被选择来进行筛查的？ • 使用什么样的筛查工具？工具是否有效且可靠？ • 采用了什么样的防护措施，以防止对儿童的错误鉴定？ 家长参与筛查和鉴定过程吗？ • 在筛查前，是如何通知家长的？ • 筛查的结果是否告知家长？ • 家长是否参与制定对儿童的基于评估结果的特殊计划？ 如果儿童在筛查中被鉴定为可能有特殊需要，那么幼儿园接下来会怎么做？ • 幼儿园如何与专业人员合作，共同帮助有特殊需要的儿童？ • 幼儿园是否有确定的系统来支持与专业人员的合作，共同服务于有特殊需要的儿童？

Copyright © 2011, Talan and Bloom, *Program Administration Scale* (2nd ed.). All rights reserved.

10. 评估和确认特殊需要

	1	2	3	4	5	6	7
	未达最低要求		**满足最低要求**		**良好**		**优秀**

__1.1 没有对儿童进行筛查，以鉴定其是否有特殊需求。*

__3.1 D 对所有 0—5 岁儿童进行筛查，以鉴定其是否有特殊需要。*

__5.1 D 使用有效且可靠的测量工具对所有 0—5 岁儿童进行筛查，以鉴定其是否有特殊需要。*

__7.1 D 为了防止错误鉴定，在对儿童进行筛查评估的过程中采用了一些保障措施。**

__1.2 在筛查评估儿童之前，未获得家长的同意（N/A，如果另外一家机构来执行评估，并负责获得家长的同意，这项可以跳过）。

__3.2 D 在筛查评估儿童之前，获得家长的同意（N/A，如果另外一家机构来执行评估，并负责获得家长的同意，这项可以跳过）。

__5.2 D 筛查或评估的结果会分享给家长。

__7.2 D 家长参与制定在评估结果基础上的针对儿童的特殊计划，并且这个计划会存入儿童的文件备案中。***

__5.3 D 通过筛查被认为可能有特殊需要的儿童会被推荐给专业人员（如医师、理疗师或儿童研究团队）做进一步的评估。

__7.3 D 幼儿园建立了制度以支持与专业人员的合作，共同服务于有特殊需要的儿童。****

解释：

根据本书第 11—13 页的评分规则来圈出最后分数。

1　　2　　3　　4　　5　　6　　7

10. 评估和确认特殊需要

Copyright © 2011, Talan and Bloom, *Program Administration Scale* (2nd ed.). All rights reserved.

11. 评估以支持学习

注释	指导问题
* **有效且可靠的测量工具**是指以研究为基础而设计的工具，具有确立的信度和效度（如 High/Scope COR、Work Sampling System 或 Teaching Strategies GOLD）。 ** **标准**是指发表了的专业标准［例如：全美幼教协会（NAEYC）标准，全美学龄儿童校后教育联盟（NSACCA）标准，开端计划儿童发展和早期学习框架（Head Start Child Development and Early Learning Framework）］或者各州早期学习标准。 **课程**是指导教学的框架，目的在于支持儿童的发展和学习。 *** **汇总的评估结果**是通过整合每个儿童的单独测量结果得到的，以便做数据分析（即寻找规律，帮助改善幼儿园教育）。	教师是如何测量儿童的发展和学习的？ • 使用什么样的测量工具？是教师自己设计的吗？ • 这些工具是有效且可靠的吗？ • 哪些年龄组的儿童接受了测量？ • 教师还会使用其他测量来评估儿童的学习和发展吗？ 课程是如何计划的？ • 如何参照专业标准？ • 儿童的个体测量结果是如何被用来辅助教师的活动和课程计划的？ • 汇总的测量结果如何被用来辅助幼儿园的评估或长期发展计划的制订？

Copyright © 2011, Talan and Bloom, *Program Administration Scale* (2nd ed.). All rights reserved.

11. 评估以支持学习

1	2	3	4	5	6	7
未达最低要求		满足最低要求		良好		优秀

__1.1 教师不使用测量工具来评估儿童的学习和发展。

__1.2 课程计划没有考虑专业标准。**

__3.1 教师使用测量工具来评估儿童的学习和发展。
D

__3.2 课程计划考虑专业标准。**
D

__5.1 教师使用有效且可靠的测量工具对0—5岁儿童进行评估。*
D

__5.2 儿童的个体测量结果被用在教师的课程和活动计划中。
D

__7.1 教师还使用其他测量来评估儿童的学习和发展（如儿童的作品集、教师的观察记录）。
D

__7.2 所有儿童的汇总评估结果被用于管理者对幼儿园的长期计划和（或）评估中。***
D

解释：

根据本书第11—13页的评分规则来圈出最后分数。

1　　2　　3　　4　　5　　6　　7

11. 评估以支持学习

Copyright © 2011, Talan and Bloom, *Program Administration Scale* (2nd ed.). All rights reserved.

财务管理

12. 预算规划

注释	指导问题
* 开支需要反映幼儿园制定的书面目标；收益需要与开支匹配或超过开支。 ** 用下面的这个表格来决定第四季度开始时间： | 财务年度开始时间	第四季度开始时间 | |---|---| | 1月1日 | 10月1日 | | 7月1日 | 4月1日 | | 10月1日 | 7月1日 | *** 季度现金流预测是从运营预算发展来的，提供了三个月内的预期收入和支出。 保障足够的现金流，被认可的财务管理实践**可以**包括： - 及时存款 - 通告家长欠费的方法 - 有清楚的、书面的关于收回拖欠学费的政策和程序 - 有清楚的、书面的关于保证出勤率的政策和程序 - 其他_____	幼儿园的运营预算是如何准备的？ - 管理者参与吗？如何参与？ - 幼儿园有没有实施需求评估？ - 目标是基于需求评估设定的吗？ - 需求评估和目标设定的过程与预算过程相关吗？如果相关，它们是什么样的关系？ - 运营预算是否反映有充足的资源来实现幼儿园的目标？ 幼儿园管理者是否能看到本财务年度的预算？预算很具体吗？ - 包括了收入和支出吗？ - 有项目细分吗？如何使用这些细分的项目？ - 下一个财务年度的运营预算是什么时候做出来的？ 预算是否有效保证足够的现金流？ - 工资、保险和税款是否按时支付？ - 预算是否包括了延期的维护、设备更新和（或者）基建改进？ - 现金流的预测是如何做出的？又是如何使用的？ - 采用哪些被认可的财务管理实践来保障足够的现金流？

Copyright © 2011, Talan and Bloom, *Program Administration Scale* (2nd ed.). All rights reserved.

12. 预算规划

1	2	3	4	5	6	7
未达最低要求		**满足最低要求**		**良好**		**优秀**

__1.1 管理者没有参与幼儿园运营预算的制定。

__3.1 管理者参与幼儿园运营预算的制定。

__5.1 需求评估和目标设定是幼儿园预算计划过程中不可或缺的部分。
D

__7.1 运营预算包括了充足的资源来实现幼儿园制定的书面目标。*
D

__1.2 没有当前年度的运营预算，包括收入和支出。

__3.2 有当前年度的运营预算，包括收入和支出。
D

__5.2 本年度的运营预算中有项目细分，以便监测收入和支出。
D

__7.2 下一个财务年度的运营预算草稿会在本财务年度的第四季度之初完成。**
D

__1.3 工资、保险和税款总是不能按时支付。

__3.3 工资、保险和税款总是按时支付。

__5.3 预算包括了延期的维护、设备更新和（或者）基建改进。
D

__7.3 使用季度现金流预测和至少两项被认可的财务管理实践，以保障足够的现金流。***
D

解释：

根据本书第 11—13 页的评分规则来圈出最后分数。

1	2	3	4	5	6	7

12. 预算规划

Copyright © 2011, Talan and Bloom, *Program Administration Scale* (2nd ed.). All rights reserved.

13. 财务管理实践

注释	指导问题
* 会计事务的权力制衡**可以**包括： 　■ 支票上需要两个或更多人的签名 　■ 将限制性资金（如拨款、捐赠和主要基建资金）与一般的运营资金区分开 　■ 职责分离（例如，同一个人不能同时担任收款人并授权现金支付） 　■ 其他_____ ** **独立**是指审计人不可以是幼儿园的雇员。董事会成员或家长可以执行独立审查。	收支报表是如何生成的？ • 报表生成的频率有多高？ • 管理者参与吗？ • 管理者是如何使用收支报表的？ 幼儿园使用什么样的会计事务的权力制衡？有什么样的例子？ 会计记录是如何被审查的？ • 什么人在参与？ • 多久进行一次审查？ • 有外部审计吗？由谁执行？

Copyright © 2011, Talan and Bloom, *Program Administration Scale* (2nd ed.). All rights reserved.

13. 财务管理实践

1	2	3	4	5	6	7
未达最低要求		**满足最低要求**		**良好**		**优秀**

__1.1	收支报表不是每季度生成一次。	__3.1 D	收支报表每季度生成一次。	__5.1 D	管理者能够看到或参与制定季度收支报表。	__7.1 D	管理者对比季度收支报表和季度现金流量预测来监控幼儿园的财务状态。
__1.2	没有一个例子显示幼儿园实施会计事务的权力制衡。*	__3.2 D	有一个例子显示幼儿园实施会计事务的权力制衡。*	__5.2 D	有两个例子显示幼儿园实施会计事务的权力制衡。*	__7.2 D	有三个例子显示幼儿园实施会计事务的权力制衡。*
__1.3	没有对会计记录进行独立审查（如银行对账单、年度审计）。**	__3.3 D	有对会计记录进行的独立审查（如银行对账单、年度审计）。**	__5.3 D	由具有会计或簿记经验的独立的第三方来执行每季度的会计记录的审核。**	__7.3 D	每年由注册会计师进行外部审计。

解释：

根据本书第 11—13 页的评分规则来圈出最后分数。

1　　2　　3　　4　　5　　6　　7

13. 财务管理实践

Copyright © 2011, Talan and Bloom, *Program Administration Scale* (2nd ed.). All rights reserved.

幼儿园规划与评估

14. 幼儿园评估

注释	指导问题
* 额外的获取员工意见的途径**可以**包括： ■ 意见箱 ■ 留言簿 ■ 问卷调查 ■ 机构氛围评估 ■ 通知员工可以和管理者面谈的时间 ■ 员工会议上的议题 ■ 离职前的意见收集 ■ 其他_____ ** 额外的获取家长意见的途径**可以**包括： ■ 意见箱 ■ 留言簿 ■ 问卷调查 ■ 通知家长可以和管理者面谈的时间 ■ 家长会议上的议题 ■ 离开幼儿园前的意见收集 ■ 其他_____	员工是如何评估幼儿园的？ • 使用评估工具吗？ • 多久进行一次幼儿园评估？ • 员工有其他途径对幼儿园的质量提供意见吗？ 家长是如何评估幼儿园的？ • 使用评估工具吗？ • 多久进行一次幼儿园评估？ • 家长有其他途径对幼儿园的质量提供意见吗？ 幼儿园如何利用员工和家长的评估信息？ • 这些信息如何影响幼儿园的决策？ • 幼儿园改进的书面计划是基于员工和家长的评估制订的吗？有些什么样的例子？ • 员工和家长如何知道他们的意见是怎样被采用的？

Copyright © 2011, Talan and Bloom, *Program Administration Scale* (2nd ed.). All rights reserved.

14. 幼儿园评估

1	2	3	4	5	6	7
未达最低要求		满足最低要求		良好		优秀

- __1.1 没有任何评估工具来让员工对幼儿园进行评估。
- __1.2 没有任何评估工具来让家长对幼儿园进行评估。
- __1.3 幼儿园的决策不受员工和家长对幼儿园评估的影响。

- __3.1 D 使用一种评估工具来让员工对幼儿园进行评估。
- __3.2 D 使用一种评估工具来让家长对幼儿园进行评估。
- __3.3 幼儿园的决策受员工和家长对幼儿园评估的影响。

- __5.1 D 使用一种评估工具来让员工进行每年度的幼儿园评估。
- __5.2 D 使用一种评估工具来让家长进行每年度的幼儿园评估。
- __5.3 D 员工和家长的评估数据会被用于制订幼儿园改进的书面计划。

- __7.1 D 除了每年度使用一种评估工具,幼儿园还通过两个或更多的其他途径来获取员工的意见。*
- __7.2 D 除了每年度使用一种评估工具,幼儿园还通过两个或更多的其他途径来获取家长的意见。**
- __7.3 D 幼儿园评估的过程包括对员工和家长意见的反馈,以强化他们的意见的价值。

解释:

根据本书第11—13页的评分规则来圈出最后分数。

1　2　3　4　5　6　7

14. 幼儿园评估

Copyright © 2011, Talan and Bloom, *Program Administration Scale* (2nd ed.). All rights reserved.

15. 战略计划

注释	指导问题
战略计划（宗旨或愿景的书面陈述，商业或战略计划）必须是专门针对早期教育机构的。 * **宗旨**是对幼儿园存在的目的的简洁陈述，可为幼儿园的战略决策提供依据。 　　**愿景**是对理想的一种陈述。这个理想可以用来激励、启发和引导幼儿园迈向期望的未来状态。 ** 商业或战略计划的文件**必须**包括： ■ 需求评估 ■ 服务计划 ■ 短期和长期目标 ■ 实现目标的策略（例如营销、招生、薪酬或财务计划）	幼儿园有宗旨或愿景的书面陈述吗？ • 这个陈述是专门针对早期教育的吗？ • 什么人参与了制定或审核过程？ • 多久进行一次审核？ 幼儿园有商业或战略计划吗？ • 这个计划是专门针对早期教育的吗？ • 包含什么内容？ • 什么人参与了制定过程？ • 多久进行一次审核？由谁来执行？

Copyright © 2011, Talan and Bloom, *Program Administration Scale* (2nd ed.). All rights reserved.

15. 战略计划

1	2	3	4	5	6	7
未达最低要求		**满足最低要求**		**良好**		**优秀**
__1.1 幼儿园没有关于宗旨或愿景的书面陈述。*		__3.1 D 幼儿园有关于宗旨或愿景的书面陈述。*		__5.1 D 员工和幼儿园的管理或咨询委员会参与了它的宗旨或愿景的制定。*		__7.1 D 5年之内，员工和管理或咨询委员会对幼儿园的宗旨或愿景陈述进行至少一次的审核。*
__1.2 幼儿园没有商业或战略计划。		__3.2 D 幼儿园有商业计划书或战略计划。**		__5.2 D 员工和幼儿园的管理或咨询委员会参与了它的商业或战略计划的制订。**		__7.2 D 5年之内，员工和管理或咨询委员会对幼儿园的商业或战略计划进行至少一次的审核。**

解释：

根据本书第 11—13 页的评分规则来圈出最后分数。

1　2　3　4　5　6　7

15. 战略计划

Copyright © 2011, Talan and Bloom, *Program Administration Scale* (2nd ed.). All rights reserved.

家园合作

16. 家长沟通

注释	指导问题
* 入学介绍程序**必须**包括提供给家长以下书面信息： 　■ 幼儿园的运作　　■ 年度日历　　■ 作息时间表 　■ 健康要求　　　　■ 费用　　　　■ 行为管理政策 入学介绍程序也**必须**包括向家长咨询儿童的信息： 　■ 成长历史　　　　■ 喜欢什么　　■ 优势 　■ 不喜欢什么 ** 周全的介绍或引导程序**必须**包括： 　■ 向导陪同参观幼儿园　■ 向家长介绍教师　■ 给家长机会向 　■ 介绍幼儿园为家长提　　　　　　　　　　　　管理者询问 　　供的各种支持 *** 幼儿园与新家庭在幼儿入园后沟通的系统**必须**包括： 　■ 可见的、具体的证据　■ 多人参与　■ 明确的问责流程 **** 交流模式**可以**包括： 　■ 非正式的交谈　　■ 邮寄信件　　■ 家长会议 　■ 电子邮件　　　　■ 时事通讯　　■ 电话 　■ 公告栏　　　　　■ 网站　　　　■ 给儿童带回家的 　■ 其他_____　　　　　　　　　便条 ***** 保障教师和家长每日沟通的制度**必须**包括： 　■ 可见的、具体的证据　■ 多人参与　■ 明确的问责流程	新生家长是如何了解幼儿园的？ • 收到什么样的书面材料？ • 幼儿园向家长询问有关儿童的什么问题？ • 入学介绍有些什么样的活动？ • 幼儿园是否建立了和新入学幼儿的家长的沟通系统？ 对于家长的信仰、文化和育儿实践，员工是如何与家长建立和保持坦诚交流的？ • 什么时候进行这方面的交流？ • 幼儿园如何调整或采取特别措施来保障儿童有一致的家园体验？ 员工是如何与家长沟通的？ • 幼儿园与家长沟通的方式有哪些？ • 是否有家长使用与员工不同的语言？如果有，员工如何与这些家长交流？ 幼儿园是否为家长提供机会来讨论儿童的学习和发展？ • 有正式的家长会吗？多久举行一次？会议的时间是如何确定的？家长参与什么样的日常教学活动？ • 幼儿园是否建立了制度来保障教师和家长每日的沟通？

Copyright © 2011, Talan and Bloom, *Program Administration Scale* (2nd ed.). All rights reserved.

16. 家长沟通

1	2	3	4	5	6	7
未达最低要求		**满足最低要求**		**良好**		**优秀**
__1.1 幼儿园没有建立对新生家长的入学介绍程序。		__3.1 D 幼儿园有对新生家长的入学介绍程序。*		__5.1 D 幼儿园有周全的新生家长的入学介绍程序。**		__7.1 D 幼儿园建立了制度,保障在新生入园后的45天内,与他们的家长进行沟通、了解情况。***
__1.2 员工不询问家长的信仰、文化和育儿实践。		__3.2 D 在儿童入园之初,员工询问家长的信仰、文化和育儿实践。		__5.2 D 在开家长会时,教师询问家长的育儿观和文化实践,以便与家长坦诚交流。		__7.2 D 在可能的情况下,幼儿园实践寻求家园一致(例如调整儿童的午休,改变餐饮)。
__1.3 幼儿园没有使用家长的主要语种或者借助于所需资源来和他们交流。		__3.3 D 幼儿园使用家长的主要语种或者借助需要的资源来和他们交流。		__5.3 D 幼儿园使用6种或更多的交流模式和家长沟通。****		__7.3 D 幼儿园使用8种或更多的交流模式和家长沟通。****
__1.4 幼儿园不举行正式的家长会议来讨论儿童的学习和发展。		__3.4 D 幼儿园每年举行一次正式的家长会议来讨论儿童的学习和发展。会议时间的确定为工作的家长提供方便。		__5.4 D 幼儿园每年举行两次正式的家长会议来讨论儿童的学习和发展。会议时间的确定为工作的家长提供方便。		__7.4 D 幼儿园有制度来保障教师和家长每日的沟通。*****

解释:

根据本书第11—13页的评分规则来圈出最后分数。

1　　2　　3　　4　　5　　6　　7

16. 家长沟通

Copyright © 2011, Talan and Bloom, *Program Administration Scale* (2nd ed.). All rights reserved.

17. 家长支持与参与

注释	指导问题
* **家长支持**是指幼儿园回应家长需求的各种方式。一些对家长的友好支持的例子可以包括： ■ 为儿童提供可借用的图书或玩具 ■ 家长资源图书室 ■ 为生病或有轻微不适的儿童提供看护服务 ■ 周末或者晚上的延时幼儿看护服务 ■ 回答家庭问题和（或者）为家长推荐其他支持服务 ■ 便利服务（例如提供可以带回家的饭菜、拍照服务） ■ 成人课程（例如识字、计算机） ■ 家访服务 ■ 家长会、家长讲座或家长互助组 ■ 家长和幼儿园员工的社交活动 ■ 在家长会期间，提供儿童看护 ■ 提供食物或者捐赠衣物 ■ 提供往返幼儿园的通勤服务 ■ 学费、奖学金 ■ 社区活动或服务的折扣券 ■ 其他＿＿＿＿＿＿＿＿＿＿	幼儿园为家长提供什么样的支持？ 幼儿园邀请家长去教室看望孩子吗？ • 什么时间？ • 大家庭的成员也受欢迎吗？ 家长参与幼儿园活动的形式有哪些？ • 家长参加什么样的活动？ • 家长参与什么样的日常教学活动？ • 家长参与决策的方式有哪些？他们是管理或咨询委员会成员吗？

Copyright © 2011, Talan and Bloom, *Program Administration Scale* (2nd ed.). All rights reserved.

17. 家长支持与参与

1	2	3	4	5	6	7
未达最低要求		**满足最低要求**		**良好**		**优秀**

__1.1	幼儿园不提供对家长的支持。*	__3.1 D	幼儿园提供至少 3 种形式的对家长的支持。*	__5.1 D	幼儿园提供至少 5 种形式的对家长的支持。*	__7.1 D	幼儿园提供至少 7 种形式的对家长的支持。*
__1.2	幼儿园不邀请家长参观教室。	__3.2 D	幼儿园邀请家长参观教室。	__5.2 D	幼儿园邀请家长随时参观教室。	__7.2 D	幼儿园欢迎大家庭的成员（例如祖父母或外祖父母、姑妈或姨妈、叔叔或舅舅）参观教室。
__1.3	幼儿园没有计划邀请家长参与幼儿园活动。	__3.3 D	家长参与幼儿园的教育会议、特别活动、派对和（或者）外出活动。	__5.3 D	家长参与幼儿园的常规教学活动（例如协助读书、故事听写、艺术创作等）。	__7.3 D	家庭成员服务于幼儿园的管理或咨询委员会。

解释：

根据本书第 11—13 页的评分规则来圈出最后分数。

1　　　2　　　3　　　4　　　5　　　6　　　7

17. 家长支持与参与

Copyright © 2011, Talan and Bloom, *Program Administration Scale* (2nd ed.). All rights reserved.

市场营销与公共关系

18. 外界交流

注释	指导问题
* 公共关系的工具**可以**包括： 　■ 办公用品（例如信封、信纸） 　■ 手册 　■ 机构徽标 　■ 名片 　■ 标牌 　■ 时事通讯 　■ 网站 　■ 社交网页 　■ 广告材料 　■ 电话簿广告 　■ 促销纪念品（例如衣服、水杯和帽子） 　■ 其他＿＿＿＿＿＿＿＿＿＿＿ ** **展现专业形象**是指在所有的宣传材料上都使用一致的机构徽标，并且宣传材料整洁、专业，没有语法错误。 *** **多个利益相关者**要求至少有两个利益相关组，每个组里至少有一个代表。	幼儿园使用什么样的公共关系的工具？ 公共关系的工具能够展现专业形象吗？ • 徽标和联系方式在不同的材料上是否都一致？ • 宣传材料有没有语法错误？ • 是否定期审核这些材料，以确保内容没有过期？ • 多久审核一次材料？什么人参与审核？ 当有意向的家长给幼儿园打电话咨询时，幼儿园会采取什么行动？ • 跟进的信息在多快的时间内发出？ • 这些咨询会被记录下来吗？如何利用这些记录？ • 幼儿园员工是否接受过"接待对幼儿园感兴趣的家长咨询"的培训？有书面的指导吗？

Copyright © 2011, Talan and Bloom, *Program Administration Scale* (2nd ed.). All rights reserved.

18. 外界交流

1	2	3	4	5	6	7
未达最低要求		**满足最低要求**		**良好**		**优秀**

__1.1 幼儿园使用少于 3 种公共关系的工具。*

__3.1 D 幼儿园使用 3 种或更多的公共关系工具。*

__5.1 D 幼儿园使用 5 种或更多的公共关系工具。*

__7.1 D 幼儿园使用 7 种或更多的公共关系工具。*

__1.2 公共关系工具没有展现专业形象。**

__3.2 D 公共关系工具展现专业形象。**

__5.2 D 定期审核公共关系工具，以确保内容更新。

__7.2 D 近 3 年内，多个利益相关者（例如家长、员工和管理委员会）对公共关系工具进行过审核。***

__1.3 幼儿园没能在一个工作日内通过发送信息或跟进电话，来回复他人对幼儿园的咨询。

__3.3 D 幼儿园可以做到在一个工作日内通过发送信息或跟进电话，来回复他人对幼儿园的咨询。

__5.3 D 幼儿园保留所有可能对幼儿园感兴趣的家长的信息并采取跟进措施（例如打电话或邮寄信件）。

__7.3 D 幼儿园有书面的指导手册，培训员工为来园参观或电话咨询的家长提供信息。

解释：	根据本书第 11—13 页的评分规则来圈出最后分数。
	1 2 3 4 5 6 7
	18. 外界交流

Copyright © 2011, Talan and Bloom, *Program Administration Scale* (2nd ed.). All rights reserved.

19. 社区外联

注释	指导问题
* **当地社区组织**是指和早期教育不相关的商业机构、公民组织或信仰组织。社区组织的例子**可以**包括： ■ 国际扶轮社（全球性的由商人和职业人员组成的慈善团体） ■ 商会 ■ 女选民联盟 ■ 商业圆桌会议 ■ 联合劝募（一个以社区为基础的、非营利国际性慈善机构） ■ 社区发展机构 ■ 基督教青年会 ■ 教会，犹太教堂，清真寺，寺庙 ■ 其他_____ ** **领导角色**是指管理者和（或者）员工担任委员会、理事会或其他机构的领导职务。 *** **参与**是指管理者和（或者）员工参与幼儿园园长的联盟，是本地或全国性早期教育专业组织的成员，或与当地小学合作，促进幼小衔接。 **** **活跃的角色**是指管理者和（或者）员工经常参加会议。	管理者和（或者）员工是以什么样的形式参与当地社区组织的？ • 他们参加社区组织赞助的活动吗？ • 他们是某个当地社区组织的成员吗？ • 他们扮演领导角色吗？ 管理者和（或者）员工如何与当地社区建立友好关系？ • 采取了什么样的措施来促进友好关系？ • 当地社区是如何支持幼儿园的？ 管理者和（或者）员工如何参与早期教育专业社区？ • 他们是早期教育专业组织的成员吗？ • 他们定期参加会议吗？ • 他们是否曾担任委员会主席或其他职务？如果是，是在什么时候？

Copyright © 2011, Talan and Bloom, *Program Administration Scale* (2nd ed.). All rights reserved.

19. 社区外联

1	2	3	4	5	6	7
未达最低要求		**满足最低要求**		**良好**		**优秀**

__1.1 管理者或者任何一个员工没有每年参加两个或更多的当地社区组织赞助的活动。*	__3.1 管理者和（或者）任何一个员工每年参加两个或更多的当地社区组织赞助的活动。*	__5.1D 管理者和（或者）某个员工是当地社区组织的成员。*	__7.1D 管理者和（或者）某个员工在当地的社区组织中扮演领导角色。**
__1.2 管理者或者员工对于幼儿园在当地社区的影响表现得漠不关心。	__3.2 管理者和（或者）员工对如何在当地社区做个好邻居表现出关切（例如，标示、提醒家长和参观者有关停车的规定，保持人行道的清洁）。	__5.2D 管理者和（或者）员工寻求机会，与当地社区建立友好关系（例如邀请邻里参加幼儿园的开放日活动，利用社区资源开展活动项目）。	__7.2D 有证据表明当地社区对幼儿园的支持（例如财政支持、实物捐赠服务、礼品、折扣服务和支持信）。
__1.3 管理者或者员工不参与早期教育专业团体。***	__3.3 管理者和（或者）员工参与早期教育专业团体。***	__5.3D 管理者和（或者）员工在早期教育专业团体中扮演活跃的角色。****	__7.3D 过去三年里，管理者和（或者）员工在早期教育专业团体中扮演领导角色。**

解释：

根据本书第 11—13 页的评分规则来圈出最后分数。

1   2   3   4   5   6   7

19. 社区外联

Copyright © 2011, Talan and Bloom, *Program Administration Scale* (2nd ed.). All rights reserved.

现代科技

20. 现代科技资源

注释	指导问题
* **可以运行的计算机**是指有效地运行文字处理、电子表格、数据库和图形的计算机。	员工在工作中是否可以使用计算机和打印机? • 有多少台计算机可供使用? • 谁可以使用? • 教师在什么时候可以使用计算机? 幼儿园有互联网吗? • 哪些人可以使用互联网? • 教师在什么时候可以使用互联网?

Copyright © 2011, Talan and Bloom, *Program Administration Scale* (2nd ed.). All rights reserved.

20. 现代科技资源

1	2	3	4	5	6	7
未达最低要求		**满足最低要求**		**良好**		**优秀**

__1.1 幼儿园没有可以运行的计算机和打印机。*

__1.2 幼儿园没有互联网。

__3.1 幼儿园有可以运行的计算机和打印机。*

__3.2 幼儿园有互联网。

__5.1 幼儿园有多台可以运行的计算机，供教师和管理人员使用。*

__5.2 幼儿园为教师和管理人员提供互联网连接。

__7.1 在教师备课时间，幼儿园提供计算机。*

__7.2 在教师备课时间，幼儿园提供互联网连接。

解释：

根据本书第 11—13 页的评分规则来圈出最后分数。

1　　　2　　　3　　　4　　　5　　　6　　　7

20. 现代科技资源

Copyright © 2011, Talan and Bloom, *Program Administration Scale* (2nd ed.). All rights reserved.

21. 现代科技的使用

注释	指导问题
* 使用现代科技来做记录的例子**可以**包括： 　■ 招生　　　■ 收付账款　　■ 预算　　　■ 现金流预测 　■ 员工福利　■ 库存监督　　■ 数据库　　■ 其他 ** 使用现代科技来交流的例子**可以**包括： 　■ 信件　　　■ 报告　　　　■ 备忘录　　■ 时事通讯 　■ 电子邮件　■ 营销材料　　■ 网站　　　■ 其他_____ *** 教师使用现代科技的例子**可以**包括： 　■ 录音机　　■ 计算机　　　■ 相机　　　■ 电视机 　■ 摄像机　　■ DVD 播放器　■ 扫描仪　　■ 音乐播放器 　■ 其他_____ **** **全面的现代科技使用规定必须**包括为员工提供以下具体的书面指导： 　■ 社交媒体的使用（例如脸书和推特） 　■ 电子邮件礼仪 　■ 个人使用幼儿园的科技资源 　■ 工作相关信息的保密 　■ 使用媒体发布（例如在多媒体项目中使用图片、声音和姓名的权限）	管理人员在工作中如何使用现代科技？ • 用来做记录的例子有哪些？ • 用来做交流的例子有哪些？ • 管理人员参加了什么样的科技培训？ • 管理人员上一次参加科技培训是在什么时候？ 教师在工作中如何使用现代科技？ • 教师在和儿童、家长的工作中使用现代科技的方式有哪些？ • 教师在和儿童、家长的工作中使用现代科技的频率有多高？ • 教师上一次参加科技培训是在什么时候？ 幼儿园有没有关于员工使用现代科技的书面规定？ • 规定包含什么内容？

Copyright © 2011, Talan and Bloom, *Program Administration Scale* (2nd ed.). All rights reserved.

21. 现代科技的使用

1	2	3	4	5	6	7
未达最低要求		满足最低要求		良好		优秀

__1.1 管理人员在工作中不使用现代科技。

__3.1 管理人员使用现代科技来做记录（举出至少三个例子）。*
D

__5.1 管理人员使用现代科技进行沟通、交流（举出至少三个例子）。**
D

__7.1 在过去一年里幼儿园为员工提供了和工作相关的科技培训。
D

__1.2 教师在和儿童、家长的工作中不使用现代科技。

__3.2 教师在和儿童、家长的工作中使用现代科技（举出至少三个例子）。***
D

__5.2 教师在和儿童、家长的工作中使用现代科技，至少一周一次（例如记录儿童的发展、测量结果和日程表）。***
D

__7.2 在过去一年里幼儿园为教师提供了和工作相关的科技培训。
D

__1.3 幼儿园没有关于员工如何使用现代科技的书面规定。

__3.3 幼儿园有关于员工如何使用现代科技的书面规定。
D

__5.3 关于现代科技使用的书面规定包括计算机、电子邮件、手机或其他移动设备的可接受或不可接受的使用行为。
D

__7.3 幼儿园有书面的、全面的现代科技使用规定。****
D

解释：

根据本书第 11—13 页的评分规则来圈出最后分数。

1　　2　　3　　4　　5　　6　　7

21. 现代科技的使用

Copyright © 2011, Talan and Bloom, *Program Administration Scale* (2nd ed.). All rights reserved.

员工资格

22. 管理者

注释	数据收集程序
管理者是指对幼儿园的计划、执行和评估负主要责任的个人。如果幼儿园有 4 个或者更多的班级，或者有 60 个或者更多的儿童在全日制班级，那么管理者必须是在幼儿园所在地工作。管理者的职务名称可能根据不同幼儿园而有所不同，可以是园长、经理、协调员或者校长。 由于幼儿园的类型和规模，幼儿园可能有几个人负有行政职责。这个条目的评分只针对园长的背景和资格。本量表（《**幼儿园管理量表**》）不包括对其他行政人员的评估，如园长助理或者业务主任。 * **管理经验**是指对幼儿园或者小学项目的计划、执行和评估的责任。可以包括担任园长助理或者业务主任的经历。**1 年的经验**是指至少 1200 小时（一个学年，每个工作日 6 小时的工作时间）的管理经验。 ** **专业贡献**是指管理者在超出幼儿园职责范围的、对早期教育领域做出的贡献。它可以包括在一个早期教育专业组织内担任服务或领导角色，在专业会议上做报告，为其他幼儿园做培训，指导其他幼儿园的教师，提出倡议，做研究，以及写作或发表作品。	使用本书第 75 页的《**管理者资格表**》来记录管理者的教育水平、专业培训、管理经验和专业贡献信息。这些信息用来帮助评估本书第 65 页上的指标，产生第 22 个条目的分数。

Copyright © 2011, Talan and Bloom, *Program Administration Scale* (2nd ed.). All rights reserved.

22. 管理者

1	2	3	4	5	6	7
未达最低要求		**满足最低要求**		**良好**		**优秀**
__1.1 管理者没有大专学历**或者** 60 个大学学分。		__3.1 D 管理者有大专学历**或者** 60 个大学学分。		__5.1 D 管理者有学士学位。		__7.1 D 管理者有硕士**或者**更高学位。
__1.2 管理者没有 18 个早期教育或儿童发展课程的大学学分。		__3.2 D 管理者有 21 个或者更多的早期教育或儿童发展课程的大学学分。		__5.2 D 管理者有 24 个或者更多的早期教育或儿童发展课程的大学学分。		__7.2 D 管理者有 30 个或者更多的早期教育或儿童发展课程的大学学分。
__1.3 管理者没有管理课程的大学学分。		__3.3 D 管理者有 9 个或者更多的管理课程的大学学分。		__5.3 D 管理者有 15 个或者更多的管理课程的大学学分。		__7.3 D 管理者有 21 个或者更多的管理课程的大学学分。
__1.4 管理者没有 1 年的管理经验。*		__3.4 D 管理者有 1 年或者 1 年以上的管理经验。*		__5.4 D 管理者有 3 年或者 3 年以上的管理经验。*		__7.4 D 管理者有 5 年或者 5 年以上的管理经验。*
				__5.5 D 过去三年里管理者做出了 4 项或者更多的专业贡献。**		__7.5 D 过去三年里管理者做出了 6 项或者更多的专业贡献。**

解释：

根据本书第 11—13 页的评分规则来圈出最后分数。

1　　2　　3　　4　　5　　6　　7

22. 管理者

Copyright © 2011, Talan and Bloom, *Program Administration Scale* (2nd ed.). All rights reserved.

23. 主班教师

注释	数据收集程序
由于幼儿园的教师配置模式，可能会同时有好几位教师服务于同一组儿童，负责他们的日常看护和教育。 　　**主班教师**是指具有最高专业资历，负责一组儿童并承担教学准备、家长会议、儿童测量和课程规划的主要责任的教师。这位教师也可以指导教学队伍中的其他成员。有的幼儿园也可能称之为班主任。 　　* **1年的经验**是指至少1200小时（一个学年，每个工作日6小时的工作时间）的工作经验。	1. 复印本书第76页上的《**教职员工资格表**》，这样每个班级有单独的表格。在表格的上面写上班级名称。 2. 在表格的指定地方，填写每个班级配置的教师的名字。表格最多可以填写一个班级的四位教师的信息。 3. 记录每位教师的教育水平、专业培训和工作经验。 4. 产生第23个条目的分数，需要确认哪位教师是主班教师。 5. 复印本书第67页上的第23个条目的表格，这样每位主班教师（每个班级一个）都有独立的关于第23个条目的得分。然后把每位主班教师的得分填写在第77页的《**教职员工资格汇总表**》上的A栏。 6. 计算所有主班教师的总分，除以人数（等于班级数目），得出平均分。把平均分记录在《**教职员工资格汇总表**》的底部。

Copyright © 2011, Talan and Bloom, *Program Administration Scale* (2nd ed.). All rights reserved.

23. 主班教师

1	2	3	4	5	6	7
未达最低要求		**满足最低要求**		**良好**		**优秀**

__1.1 主班教师没有大专学历或者60个大学学分。

__3.1 D 主班教师有大专学历**或者**60个大学学分，并且目前正在进修本科。

__5.1 D 主班教师有学士学位。

__7.1 D 主班教师有硕士**或者**更高学位。

__1.2 主班教师没有12个早期教育或儿童发展课程的大学学分。

__3.2 D 主班教师有21个或者更多的早期教育或儿童发展课程的大学学分。

__5.2 D 主班教师有30个或者更多的早期教育或儿童发展课程的大学学分。

__7.2 D 主班教师有教师资格证，可以在公立幼儿园任教。

__1.3 主班教师没有6个月的针对0—8岁儿童教学的经验。*

__3.3 D 主班教师有6个月或更久的针对0—8岁儿童教学的经验。*

__5.3 D 主班教师有1年或更久的针对0—8岁儿童教学的经验。*

__7.3 D 主班教师有3年或更久的针对0—8岁儿童教学的经验。*

解释：

根据本书第11—13页的评分规则来圈出最后分数。

1　　2　　3　　4　　5　　6　　7

23. 主班教师

Copyright © 2011, Talan and Bloom, *Program Administration Scale* (2nd ed.). All rights reserved.

24. 配班教师（N/A，这项可以跳过）

注释	数据收集程序
配班教师是指和主班教师共同承担看护、教育同一组儿童的任务的成员。 由于幼儿园的教师配置模式，可能会有超过一个的配班教师服务于同一组儿童。同一组儿童也有可能没有固定的教师配置。 * 给 1.2 打分，使用如下准则： ■ 正确：配班教师没有儿童发展导师（CDA）证书。 ■ 正确：配班教师没有 6 个早期教育或儿童发展课程的大学学分。 如果两项都正确，评分是"是" 如果只有一项正确，评分是"否" 如果两项都不正确，评分是"否" ** **1 年的经验**是指至少 1200 小时（一个学年，每个工作日 6 小时的工作时间）的工作经验。	把关于这项打分的信息记录在本书第 76 页的《**教职员工资格表**》上。 1. 确定幼儿园的教师的总人数，复印足够的本书第 69 页上的第 24 个条目的表格，这样每位配班教师都有独立的关于第 24 个条目的得分。 2. 利用记录在《**教职员工资格表**》上的信息，给每位配班教师的第 24 个条目打分。 3. 把每位配班教师的得分填写在本书第 77 页的《**教职员工资格汇总表**》上的 B 栏。 4. 计算所有配班教师的总分，除以人数，得出平均分。把平均分记录在《**教职员工资格汇总表**》的底部。

Copyright © 2011, Talan and Bloom, *Program Administration Scale* (2nd ed.). All rights reserved.

24. 配班教师（N/A，这项可以跳过）

1	2	3	4	5	6	7
未达最低要求		满足最低要求		良好		优秀

__1.1 配班教师没有 30 个大学学分。

__3.1D 配班教师有 30 个或者更多的大学学分。

__5.1D 配班教师有大专学历**或者** 60 个或更多的大学学分。

__7.1D 配班教师有 60 个或者更多的大学学分，并且目前正在进修本科。

__1.2 配班教师没有儿童发展导师（CDA）证书（美国早期教育认可的证书），**而且**没有 6 个早期教育或儿童发展课程的大学学分。*

__3.2D 配班教师有儿童发展导师（CDA）证书（美国早期教育认可的证书），**或者**有 12 个或者更多的早期教育或儿童发展课程的大学学分。

__5.2D 配班教师有 21 个或者更多的早期教育或儿童发展课程的大学学分。

__7.2D 配班教师有 30 个或者更多的早期教育或儿童发展课程的大学学分。

__5.3D 配班教师有 1 年或更久的与 0—8 岁儿童群体一起工作的经验。**

__7.3D 配班教师有 2 年或更久的与 0—8 岁儿童群体一起工作的经验。**

解释：

根据本书第 11—13 页的评分规则来圈出最后分数。

1　　2　　3　　4　　5　　6　　7

24. 配班教师

Copyright © 2011, Talan and Bloom, *Program Administration Scale*（2nd ed.）. All rights reserved.

25. 保育员（N/A，这项可以跳过）

注释	数据收集程序
保育员是指在主班教师、配班教师指导下，共同承担看护、教育同一组儿童的任务的成员。 　　由于幼儿园的教师配置模式，可能会有不止 1 位保育员服务于同一组儿童。同一组儿童也有可能没有固定的保育员配置。 * 给 1.2 打分，使用如下准则： 　■ 正确：保育员没有早期教育或儿童发展课程的大学学分 　■ 正确：保育员目前未在进修相关的大学课程 如果两项都正确，评分是"是" 如果只有一项正确，评分是"否" 如果两项都不正确，评分是"否" ** **1 年的经验**是指至少 1200 小时（一个学年，每个工作日 6 小时的工作时间）的工作经验。	把关于这项打分的信息记录在本书第 76 页的《**教职员工资格表**》上。 1. 确定幼儿园的保育员的总人数，复印足够的本书第 71 页的第 25 个条目的表格，这样每位保育员都有独立的关于第 25 个条目的得分。 2. 利用记录在《**教职员工资格表**》上的信息，给每位保育员的第 25 个条目打分。 3. 把每位保育员的得分填写在本书第 77 页的《**教职员工资格汇总表**》上的 C 栏。 4. 计算所有保育员的总分，除以人数，得出平均分。把平均分记录在《**教职员工资格汇总表**》的底部。

Copyright © 2011, Talan and Bloom, *Program Administration Scale* (2nd ed.). All rights reserved.

25. 保育员（N/A，这项可以跳过）

1	2	3	4	5	6	7
未达最低要求		**满足最低要求**		**良好**		**优秀**
__1.1 保育员没有高中学历或GED（美国高中学历的另外一种形式）。		__3.1 D 保育员有高中学历或GED（美国高中学历的另外一种形式）。		__5.1 D 保育员有9个或者更多的大学学分。		__7.1 D 保育员有15个或者更多的大学学分。
__1.2 保育员没有早期教育或儿童发展课程的大学学分，而且目前也未在进修相关的大学课程。*		__3.2 D 保育员有3个或者更多的早期教育或儿童发展课程的大学学分，**或者**目前正在进修相关的大学课程。		__5.2 D 保育员有6个或者更多的早期教育或儿童发展课程的大学学分。		__7.2 D 保育员有9个或者更多的早期教育或儿童发展课程的大学学分。
				__5.3 D 保育员有1年或更久的在他人指导下与0—8岁儿童群体一起工作的经验。**		__7.3 D 保育员有2年或更久的在他人指导下与0—8岁儿童群体一起工作的经验。**

解释：

根据本书第11—13页的评分规则来圈出最后分数。

1　　2　　3　　4　　5　　6　　7

25. 保育员

Copyright © 2011, Talan and Bloom, *Program Administration Scale*（2nd ed.）. All rights reserved.

表　格

- 管理者资格表
- 教职员工资格表
- 教职员工资格汇总表
- 条目总结
- 《幼儿园管理量表》(PAS)图谱

管理者资格表

管理者是指对幼儿园的计划、执行和评估负主要责任的个人。如果幼儿园有 4 个或者更多的班级，或者有 60 个或者更多的儿童在全日制班级，那么管理者必须是在幼儿园所在地工作。管理者的职务名称可能根据不同幼儿园而有所不同，可以是园长、经理、协调员或者校长。

幼儿园：_____ 管理者姓名：_____

最高学历
- 高中学历 ☐
- 大专学历 ☐
- 学士学位 ☐
- 硕士学位 ☐
- 博士学位 ☐

通识教育 _____ 大学课程的总学时

专业的早期教育或儿童发展课程 _____ 早期教育或儿童发展课程的总学时
专业的管理课程 * _____ 管理课程的总学时
管理者资格认证
持有管理者资格认证： ☐是 ☐否
认证的类型和等级：_____
发证机构：_____

管理经验 _____ 年 _____ 月

专业贡献 **
列出近三年内的专业贡献：
1. _____   4. _____
2. _____   5. _____
3. _____   6. _____

* 管理课程包括：会计、营销、财务、通信、技术、管理、员工发展和机构变革。

** 专业贡献是指管理者在超出幼儿园职责范围的、对早期教育领域做出的贡献。它包括在一个早期教育专业组织内担任服务或领导角色，在专业会议上做报告，为其他幼儿园做培训，指导其他幼儿园的教师，提出倡议，做研究，写作或发表作品。

Copyright © 2011, Talan and Bloom, *Program Administration Scale*（2nd ed.）. All rights reserved.

幼儿园管理量表——提升幼儿园园长领导力和管理水平的工具

教职员工资格表

(主班教师，配班教师，保育员)

每个班级完成一份表格（参见本书第 66、68、70 页的指导）

幼儿园：_____ 班级：_____

教职员工姓名缩写：　☐　☐　☐　☐

教学角色*：　☐　☐　☐　☐

* 教学角色	

主班教师
具有最高专业资历，负责一组儿童，并承担教学准备、组织家长会议、儿童评估和课程规划的主要责任的人员。

配班教师
和主班教师共同承担看护、教育同一组儿童的任务的人员。

保育员
在主班教师和配班教师指导下，共同承担看护、教育同一组儿童的任务的人员。

最高学历					
	高中学历	☐	☐	☐	☐
	大专学历	☐	☐	☐	☐
	学士学位	☐	☐	☐	☐
	硕士学位	☐	☐	☐	☐
	博士学位	☐	☐	☐	☐

通识教育					
	已完成的大学课程的总学时	____	____	____	____
	目前正在进修本科	☐	☐	☐	☐

专业课程					
	已完成的早期教育或儿童发展课程的总学时	____	____	____	____
	目前正在攻读早期教育或儿童发展课程	☐	☐	☐	☐

资格证书					
	儿童发展导师（CDA）证书	☐	☐	☐	☐
	州级教师资格证	☐	☐	☐	☐

教学经历					
	年	____	____	____	____
	月	____	____	____	____

Copyright © 2011, Talan and Bloom, *Program Administration Scale*（2nd ed.）. All rights reserved.

教职员工资格汇总表

幼儿园：_____　　　　日期：_____

小组 / 班级名称	A 主班教师 条目 23 得分	B 配班教师 条目 24 得分	C 保育员 条目 25 得分
1. _____	_____	_____	_____
2. _____	_____	_____	_____
3. _____	_____	_____	_____
4. _____	_____	_____	_____
5. _____	_____	_____	_____

A 栏中的分数总和 [____]　　B 栏中的分数总和 [____]　　C 栏中的分数总和 [____]

÷　　÷　　÷

A 栏中的人数 [____]　　B 栏中的人数 [____]　　C 栏中的人数 [____]

=　　=　　=

条目 23 的平均分 [____]　　条目 24 的平均分 [____]　　条目 25 的平均分 [____]

Copyright © 2011, Talan and Bloom, *Program Administration Scale*（2nd ed.）. All rights reserved.

条目总结

幼儿园：_____ 日期：_____

使用说明
用此表格来总结条目得分，并计算 PAS 总分和平均分。

- 在提供的分数栏中输入每个条目的得分。
- 对所有的条目得分求和，然后填入表格底部的"PAS 总分"栏中。
- PAS 总分除以条目的数目［所有幼儿园不得少于 23 项；对于人员配置包括配班教师和（或者）保育员的幼儿园，条目数目为 24 项或 25 项］。得出的分数是"PAS 平均分"。

条目	分数
1. 新员工培训	_____
2. 监督和工作表现评估	_____
3. 员工发展	_____
4. 薪酬	_____
5. 福利	_____
6. 人员配置模式和工作安排	_____
7. 设施管理	_____
8. 风险管理	_____
9. 内部沟通	_____
10. 评估和确认特殊需要	_____
11. 评估以支持学习	_____
12. 预算规划	_____
13. 财务管理实践	_____
14. 幼儿园评估	_____
15. 战略计划	_____
16. 家长沟通	_____
17. 家长支持与参与	_____
18. 外界交流	_____
19. 社区外联	_____
20. 现代科技资源	_____
21. 现代科技的使用	_____
22. 管理者	_____
23. 主班教师	_____
24. 配班教师	_____
25. 保育员	_____

条目总分　[　　　] ÷ [　　　] = [　　　]
　　　　　PAS 总分　　计分的条目数　　PAS 平均分

Copyright © 2011, Talan and Bloom, *Program Administration Scale*（2nd ed.）. All rights reserved.

《幼儿园管理量表》(PAS)图谱

幼儿园：_____ 日期：_____

维度	条目	1	2	3	4	5	6	7
人力资源发展	1. 新员工培训							
	2. 监督和工作表现评估							
	3. 员工发展							
人事成本与分配	4. 薪酬							
	5. 福利							
	6. 人员配置模式和工作安排							
幼儿园运营	7. 设施管理							
	8. 风险管理							
	9. 内部沟通							
儿童发展测量	10. 评估和确认特殊需要							
	11. 评估以支持学习							
财务管理	12. 预算规划							
	13. 财务管理实践							
幼儿园规划与评估	14. 幼儿园评估							
	15. 战略计划							
家园合作	16. 家长沟通							
	17. 家长支持与参与							
市场营销与公共关系	18. 外界交流							
	19. 社区外联							
现代科技	20. 现代科技资源							
	21. 现代科技的使用							
员工资格	22. 管理者							
	23. 主班教师							
	24. 配班教师							
	25. 保育员							

PAS 总分 _____ ÷ 条目数 _____ = PAS 平均分 _____

Copyright © 2011, Talan and Bloom, *Program Administration Scale*(2nd ed.). All rights reserved.

附　　录

- 《幼儿园管理量表》（PAS）的信度和效度
- 参考文献和资源

《幼儿园管理量表》（PAS）的信度和效度

信度和效度的标准

《幼儿园管理量表》（PAS）的制定遵循七个信度和效度的标准：

1. PAS 测量不同但又相关的幼儿园管理实践。
2. PAS 能够区分出低质量和高质量的幼儿园管理实践。
3. PAS 适用于不同类型的幼儿园（例如营利性幼儿园、非营利性幼儿园、全日制或非全日制幼儿园、宗教组织创办的幼儿园、军队附属幼儿园、公立幼儿园、设于学校内的幼儿园或是职工幼儿园）。
4. PAS 适用于不同规模的幼儿园。
5. PAS 的量表条目之间有良好的内部一致性。
6. PAS 有良好评估者的评分信度。
7. PAS 容易评分，并可以产生一个通俗易懂的图谱，帮助幼儿园提高管理质量。

研究样本

作者们对《幼儿园管理量表》（PAS）进行了两个有关信度和效度的研究。第一个样本的数据来自 2003 年的伊利诺伊州的 67 所幼儿园。第二个样本的数据来自 2006—2009 年美国 25 个州的 564 所幼儿园。

样本 1

伊利诺伊州儿童保育资源和推荐机构（Illinois Network of Child Care Resource and Referral Agencies，INCCRRA）帮助列出了库克县、杰克逊县、麦迪逊县、麦克莱恩县和温尼巴哥县的幼儿园的清单、联系方式、规模、是否有全美幼教协会（NAEYC）的认证和法人。幼儿园样本来自这些地区，是因为它们分别代表伊利诺伊州的市区、郊区和农村地区。

芝加哥大都会信息中心（Metropolitan Chicago Information Center，MCIC）利用以上的 INCCRRA 提供的幼儿园信息，根据幼儿园是否有幼教协会的认证（"有"或者"没有"）和其规模（"小型""中型""大型"）构建了抽样的计划。在 176 所能够代表本州不同地理位置的幼儿园中，研究者随机联系了其中的 124 所，邀请他们参与 PAS 的信度和效度研究。共有 67 所幼儿园同意参与并接受了对园长的采访。

样本 1 中的幼儿园的平均许可容量是 102 个儿童，平均雇员人数是 17 个，他们每周工作 10 小时以上。32 所幼儿园（48%）获得全美幼教协会（NAEYC）的认证。大约三分之二的幼儿园（67%）是非营利性的，三分之一是营利性的。在非营利性幼儿园中，22 所接受美国联邦政府的资助，5 所幼儿园由教会组织创办。

样本 2

样本 2 来自麦考密克早期教育领导力中心的全国 PAS 评估员资格认证培训。评估员接受四天的培训，达到 86% 或者更高的评估者评分信度。在培训完成的四个月内，研究者收集了 564 所幼儿园的 PAS 数据。这些幼儿园都是由经过资格认证的评估员来评估的。

虽然有关 PAS 条目的数据来自所有的样本幼儿园，但是有些幼儿园的背景信息缺失。在样本 2 中，12 所幼儿园没有规模和认证的信息，68 所幼儿园没有资金来源和幼儿园类型的信息。

样本 2 中的幼儿园的平均许可容量是 90 个儿童，实际平均值是 64 个儿童，他们在幼儿园每周待至少 35 小时。幼儿园平均雇员为 14 个，他们每周工作 10 小时以上。大约三分之二的幼儿园（69%）是非营利性的，其余为营利性的。样本 2 中 35% 的幼儿园接受美国联邦政府的资助，36% 的幼儿园接受州政府的资助，23% 的幼儿园由教会组织创办。

表 1 展示的是样本 2 的幼儿园的规模和 NAEYC 的认证数据。表 2 展示的是幼儿园的类型（法人）数据。

表 1　幼儿园规模和 NAEYC 认证——样本 2

认证状态	幼儿园规模						总数	
	小型		中型		大型			
	n	%	n	%	n	%	n	%
未认证	138	25.0	105	19.0	137	25.0	380	69
已认证	58	10.5	56	10.0	58	10.5	172	31
总数	196	35.5	161	29.0	195	35.5	552	100

注释：小型 = 少于 60 个儿童；中型 = 60~100 个儿童；大型 = 超过 100 个儿童

表 2 幼儿园类型——样本 2

幼儿园类型	n	%
非营利性——机构的一部分	205	41
非营利性——独立的	144	29
营利性——私人所有或合伙经营	106	22
营利性——公司或连锁	31	6
营利性——企业赞助	10	2
总数	496	100

信度和效度

内容效度

《幼儿园管理量表》（PAS）的内容效度，最初是在 2003 年由 10 位早期教育专家组成的评估组来建立的。他们审核 PAS 中的每一个指标、条目和维度，以确保这些测量指标反映幼儿园的核心管理和领导实践。这些专家回答以下问题并提供反馈：

◆ 每个维度下的条目是否充分地描述了此维度？
◆ 每个条目下的指标是否足以代表此条目？
◆ 指标的描述是否反映了逐渐递增的管理质量？
◆ 条目的用词和维度的标题是否准确反映了其内容？

除了这 10 位早期教育专家进行内容评估外，还有其他 10 位幼儿园园长、顾问和培训人员也非正式地审阅了《幼儿园管理量表》（PAS）。基于他们的反馈，我们对 PAS 的措辞和结构进行了改进，删除了多余的指标并简化了数据收集的流程。

自 2004 年第一版《幼儿园管理量表》（PAS）发布以来，美国各州对幼儿园进行评估并采访园长的评估员们也提供了他们的反馈意见。基于这些反馈意见，我们对量表的指标注释做了进一步的修改。这些改进确保量表的指标能够反映幼儿园的最佳管理和领导实践。

描述性统计

表 3 展示的是《幼儿园管理量表》（PAS）的 7 分制下的 25 个条目的平均得分和标准差。共有 81 个指标股用于计算 25 个条目的得分。

表中的 PAS 总分是条目平均分的总和。由于 PAS 的 10 个维度（子量表）标题仅仅是用来归纳相关的条目，而不是独立反映幼儿园效率的不同方面，所以在 PAS 的图谱中不包括维度平均值。

样本 2 的 PAS 条目的平均得分为 3.47，其中 33% 的条

表3 PAS条目的平均分和标准差——样本2（$N = 564$） （续表）

条目#	条目	指标股	M	SD	条目#	条目	指标股	M	SD
人力资源发展					幼儿园规划与评估				
1	新员工培训	3	2.88	1.97	14	幼儿园评估	3	3.62	2.30
2	监督和工作表现评估	3	3.37	2.10	15	战略计划	2	2.81	2.33
3	员工发展	3	4.01	2.12	家园合作				
人事成本与分配					16	家长沟通	4	3.26	2.24
4	薪酬	3	3.04	2.22	17	家长支持与参与	3	4.84	1.98
5	福利	5	2.00	1.61	市场营销与公共关系				
6	人员配置模式和工作安排	4	2.85	1.97	18	外界交流	3	3.97	1.64
幼儿园运营					19	社区外联	3	3.58	2.05
7	设施管理	3	4.99	1.93	现代科技				
8	风险管理	4	2.50	1.70	20	现代科技资源	2	3.68	2.35
9	内部沟通	5	2.40	1.83	21	现代科技的使用	3	4.90	2.18
儿童发展测量					员工资格				
10	评估和确认特殊需要	3	4.50	2.55	22	管理者	5	2.22	1.63
11	评估以支持学习	2	5.50	2.21	23	主班教师*	3	2.65	1.42
财务管理					24	配班教师**	3	2.78	1.82
12	预算规划	3	3.35	4.41	25	保育员***	3	3.50	2.20
13	财务管理实践	3	3.61	2.45	PAS	81	86.81	24.00	

*$n = 2589$位主班教师，**$n = 1724$位配班教师，***$n = 1027$位保育员

目得分为 1 分（"未达最低要求"），15% 的条目得分为 7 分（"优秀"）。这说明 PAS 在幼儿园管理质量的连续性（7 分制）中具有合理的条目得分分布。对于样本 1，PAS 的平均总分为 89.68，条目的平均分为 3.59，其中 29% 的条目得分为 1 分（"未达最低要求"），13% 的条目得分为 7 分（"优秀"）。

样本 1 的 PAS 总分和平均分比样本 2 略高些，这可能是因为伊利诺伊州的样本在"员工资格"的相关条目上得分较高。伊利诺伊州对幼儿园员工的资历要求比某些州稍高，所以差异体现在了《幼儿园管理量表》（PAS）的"员工资格"维度的得分上。样本 1 中的 67 所伊利诺伊州的幼儿园在 4 个"员工资格"条目上的平均得分为 3.35，而包含全美幼儿园的样本 2 在这 4 个条目上的平均得分为 2.79。

在被评估之前，参与信度和效度研究的样本 1 和样本 2 中的很多幼儿园的园长都没有接触过《幼儿园管理量表》（PAS）。随着 PAS 的使用越来越广泛，可以预见在某些指标上被评为 1 分（"未达最低要求"）的幼儿园会越来越少，因为园长们可以更好地准备量表评估所需的文件。

大家在参考表 3 中的 PAS 的全国样本（样本 2）统计数值的时候，应当注意该样本中获得了全美幼教协会（NAEYC）认证的幼儿园占 31%，远远高于美国所有幼儿园的认证比例（7%），因此 PAS 的总分和每个条目的平均分无疑反映了相对高质量的幼儿园的得分。

内部一致性信度

PAS 的条目的内部一致性是通过计算 Cronbach's α 系数确定的。样本 1 的 Cronbach's α 系数是 0.85，样本 2 的系数是 0.86，表明 PAS 的条目之间具有合理的内部一致性。

维度的独特性

对 PAS 的 10 个维度进行相关性分析，可以帮助确定它们是否测量不同方面但又相关的幼儿园管理实践。样本 1 的维度的相关指数为 0.09—0.63，中值为 0.33。样本 2 的维度的相关指数为 0.04—0.72，中值为 0.33。数据分析证明，这些维度在很大程度上测量了幼儿园不同方面的管理实践。表 4 报告了样本 2 的相关性分析的结果（Pearson's r）。

条目间的相关性也用 Pearson's r 计算。样本 1 的系数的范围是 0.02—0.78；样本 2 的系数范围是 0.01—0.58。这证明 PAS 的各个条目测量幼儿园不同但相关的管理实践。

表 4 PAS 的维度相关性——样本 2

子量表	2	3	4	5	6	7	8	9	10
1. 人力资源发展	0.40	0.44	0.40	0.16	0.24	0.37	0.42	0.18	0.04
2. 人事成本与分配		0.39	0.72	0.60	0.71	0.44	0.42	0.26	0.18
3. 幼儿园运营			0.32	0.19	0.27	0.45	0.52	0.20	0.16
4. 儿童发展测量				0.15	0.28	0.31	0.33	0.17	0.10
5. 财务管理					0.33	0.39	0.35	0.49	0.13
6. 幼儿园规划与评估						0.38	0.34	0.16	0.19
7. 家园合作							0.50	0.11	0.17
8. 市场营销与公共关系								0.16	0.17
9. 现代科技									0.17
10. 员工资格									—

评估者的评分信度

在为期四天的量表使用培训中，我们分析了 PAS 的评估者评分信度，即评估者的条目评分在多大程度上与 PAS 的黄金标准吻合。评估者对幼儿园的访谈和评估被录像，然后我们通过录像来分析评估者对每个条目的评分在多大程度上和 PAS 的黄金标准存在 1 分以内的差异。样本 1 中，个体评估者与黄金标准的吻合度为 81%~95%。样本 1 中的 8 个评估者的平均信度为 90%。样本 2 中的所有认证的 PAS 评估员与黄金标准的吻合度为 86%~100%，平均信度为 94%。

辨别幼儿园质量的差异

为了确定《幼儿园管理量表》（PAS）是否足以区分质量不同的幼儿园，我们进行了方差统计分析。全美幼教协会（NAEYC）的认证被用作衡量幼儿园质量的一个标准。有认证的幼儿园一般来说质量要高些。所以，方差分析帮助我们实证检验 PAS 是否可以区分不同认证状态的幼儿园的质量差异。

表 5 总结了样本 2 的方差分析结果。这些结果提供了确凿证据,表明 PAS 可以辨别幼儿园的质量水平。那些获得 NAEYC 认证的幼儿园的 PAS 总分($M = 85.68$,$SD = 21.97$)比未获得认证的幼儿园要高得多($M = 73.18$,$SD = 24.10$)。这个分析的 PAS 总分基于 23 个条目(可能总分为 23~161),因为有的幼儿园没有把配班教师或保育员看作教职员工。样本 1 的数据分析也得出类似的结果(有认证的幼儿园,$M = 92.12$;没有认证的幼儿园,$M = 72.06$)。

表 5　基于 NAEYC 认证状态的方差分析——样本 2

	平方和	自由度	均方	F	p<
组间	1467.28	1	1467.28	27.03	0.0001
组内	213922.70	394	542.96		
总和	2638331.00	396			

表 6 报告了样本 2 中,与全美幼教协会(NAEYC)认证状态关系最为密切的六个 PAS 条目。

表 6　与 NAEYC 认证状态相关的 PAS 条目排序——样本 2

条目	没有认证 M	有认证 M	p<
评估以支持学习	4.12	5.59	0.001
配班教师资格	2.24	3.58	0.001
保育员资格	3.14	4.07	0.001
福利	1.70	2.61	0.001
现代科技资源	3.44	4.31	0.001
主班教师资格	2.35	3.12	0.001

我们还利用方差程序来分析不同规模的幼儿园的 PAS 得分是否有差异。样本 1 的数据显示,对于 PAS 的 25 个条目中的 23 个,不同规模的幼儿园(小型、中型、大型)没有统计上的显著差异。对于该样本中的 67 个幼儿园,较小型的幼儿园在条目"人员配置模式和工作安排"上的得分较高些,而较大型的幼儿园在条目"财务管理实践"上的得分较高些($p < 0.05$)。

样本 2 的结果有些不同。方差分析和检验表明,不同规模的幼儿园的 PAS 得分存在显著差异。大型幼儿园($M = 83.57$)和中型幼儿园($M = 77.06$)的 PAS 总分显著高于小型幼儿园($M = 74.03$,$F = 5.77$,$p < 0.01$)。大部分时

候，和幼儿园规模相关的具体的 PAS 条目涉及机构的能力。大型幼儿园更可能有明确的预算规划、设施管理、财务管理实践、战略计划和评估系统。

方差分析还检验了获得美国联邦政府的资助对幼儿园的 PAS 得分的影响。结果显示，获得资助的公立幼儿园（$M = 80.37$）与未获得资助的其他幼儿园（$M = 76.81$，$F = 2.08$，$p = 0.15$）在 PAS 总分上没有显著差异。

同样地，方差分析还被用来检验州政府的资助对幼儿园的 PAS 得分的影响。结果显示，在这两种幼儿园之间 PAS 总分确实存在显著差异。获得州政府资助的公立幼儿园的平均分为 83.67，而未获得该资助的幼儿园的平均分为 76.63（$F = 7.11$，$p < 0.01$）。总的来说，获得州政府资助的幼儿园配备更高资历的教师、更好的福利以及更好的筛查和识别特殊需要儿童的系统。

我们还进行了进一步的分析，以确定 PAS 分数是否与幼儿园的类型相关。方差分析的结果表明，非营利性的幼儿园的 PAS 总分（$M = 81.83$）显著高于营利性的幼儿园（$M = 65.98$，$F = 33.95$，$p < 0.001$）。

同时效度

PAS 的同时效度是通过与另外两个测量幼儿园质量的工具的相关性来决定的：《幼儿园工作环境调查问卷》（*Early Childhood Work Environment Survey, ECWES*）中的"专业发展"子问卷和《幼儿学习环境评量表》（*Early Childhood Environment Rating Scale*，ECERS）中的"家长与教师"子量表。如表 7 所示，与 ECERS 的"家长与教师"子量表和 ECWES 的"专业发展"子问卷之间的中度相关性表明，PAS 测量相关但却不同的幼儿园质量维度。

信度和效度研究的结果表明，《幼儿园管理量表》（PAS）达到了所有的七个信度和效度标准：它测量不同但相关的幼儿园管理实践；和全美幼教协会（NAEYC）的认证一样，可以区分出高质量和低质量的幼儿园；适用于不同类型和规模的幼儿园；表现出良好的内部一致性信度；具有良好的评估者评分信度；评分系统简单易用，并可以帮助幼儿园提升管理质量。

表7 PAS与ECERS"家长与教师"子量表以及ECWES"专业发展"子问卷的相关性——样本1（$N = 67$）

PAS 条目	ECERS	ECWES
人力资源发展	0.33	0.42
人事成本与分配	0.45	0.42
幼儿园运营	0.33	0.32
儿童发展测量	0.29	0.05
财务管理	0.47	0.40
幼儿园规划与评估	0.36	0.24
家园合作	0.34	0.43
市场营销与公共关系	0.10	0.05
现代科技	0.32	0.38
员工资格	0.26	0.35
PAS 总分	0.53	0.52

相关研究

《幼儿园管理量表》（PAS）已经被用于好几个研究中。这些研究评估幼儿园的领导和管理实践、全州范围的幼儿园质量评级和改进系统、教师的专业发展培训和幼儿园园长的资格认证。我们选择介绍以下几项研究，因为它们证明了PAS的预测效度，并确认了该工具可以用于评估质量和改进幼儿园管理实践。

研究1

洛尔和卡西迪（Lower & Cassidy）于2007年对北卡罗来纳州的30所幼儿园进行了研究，试图探索幼儿园管理实践、员工对幼儿园机构的氛围的感受和教学质量之间的关系。PAS用于评估管理实践的质量，ECWES（《早期教育工作环境调查问卷》）用于测量幼儿园氛围，ECERS-R用来测量每个幼儿园的两个班级的教学和学习环境质量。

PAS的内部一致性信度为0.88；条目的平均得分范围是2.87~5.19。ECERS-R的内部一致性信度为0.83；平均分的范围是3.90~6.00。数据分析表明，幼儿园的领导和管理实践、教师对工作环境的看法（反映在他们对幼儿园氛围的评估）与教学实践之间存在动态的关系。

PAS测量的幼儿园管理实践和幼儿园的整体质量之间有显著的相关性。Pearson's r系数显示二者之间存在统计学上的显著的中等相关性（$r = 0.29$，$p < 0.05$）。研究者还发现，如果园长拥有学士学位，其幼儿园的PAS得分（$M = 3.24$）明显高于那些园长不具备学士学位的幼儿园的得分（$M = 2.49$）。该研究表明，幼儿园管理实践、机构氛围与教学环

境和质量息息相关。

研究2

国立路易斯大学的麦考密克早期教育领导力中心与芝加哥家庭服务部合作，共同研究"开端计划"幼儿园（美国政府资助的公立幼儿园）的管理实践与教学质量之间的关系（MCECL，2010c）。该研究还调查了园长的专业资历背景，试图检验园长资历与幼儿园的管理和教学质量之间的关系。PAS被用来评估行政实践的质量，而ECERS–R被用来测量教学质量。数据收集于2006年。来自芝加哥市的138所"开端计划"幼儿园的452个班级参与了研究。

研究者进行了多元回归分析，控制了（或者排除了）幼儿园的运营时间、教师人数、每年的教师流失率、班主任教师的专业资历和儿童入学率等因素的影响，来探索较高的PAS得分是否可以预测较高的ECERS–R得分。该样本幼儿园的PAS平均得分为3.42，得分范围为1.58~5.88。而ECERS–R的平均得分为4.20，得分范围为2.41~6.12。数据分析表明，幼儿园的行政管理质量可以解释大约26%的幼儿园质量的差异（$t = 3.62$，$p = 0.0001$）。这说明PAS测量的行政管理实践对儿童所接受的照顾和教育质量造成了重大影响。

为了理解园长对幼儿园管理实践的影响，研究者计算了PAS总分，但除去了与教师资格相关的条目。然后分析园长资历与PAS不同维度之间的相关性。结果表明，较高质量的幼儿园管理实践与园长拥有硕士学位（$r = 0.22$，$p < 0.01$）、选修了较多的管理学课程（$r = 0.20$，$p < 0.01$）、在过去三年中做出过专业贡献（$r = 0.25$，$p < 0.01$）呈相关性。

最后，研究人员还分析了园长资历（基于PAS的测量）和幼儿园质量（基于ECERS–R的测量）之间的直接关系。结果表明，质量较高的幼儿园拥有学士或更高学位的园长（$r = 0.22$，$p < 0.01$），或者园长学习了24个或更多学时的早期教育课程（$r = 0.19$，$p = 0.02$），并且在过去三年中做出过至少四次专业贡献（$r = 0.20$，$p = 0.01$）。

研究3

2006年，哥伦比亚大学教师学院的国家儿童与家庭研究中心受命为纽约市的所有公共幼儿园制定一个统一、全面的幼儿园质量评估系统（Kagan et al.，2008）。全市性的试点研究中使用的两个测量是PAS和ECERS–R。样本包括

37 所美国联邦政府资助的公立幼儿园、社区幼儿园和州政府资助的公立幼儿园，共 130 个班级。

35 个完成了 PAS 评估的幼儿园的平均得分为 3.87，分数范围是 2.28～5.28。其中，联邦政府资助的幼儿园的 PAS 均分是最高的（$M = 4.59$）。社区幼儿园的得分最低，PAS 平均分为 3.34。数据分析表明，PAS 与 ECERS–R 两个测量的得分之间存在相关性（$r = 0.52$，$p < 0.01$）。

为了确认这两个工具测量不同方面的幼儿园质量，研究者进行了因子分析。分析得出了两个主要因子。第一个因子包括的全部是来自 ECERS–R 的条目，而第二个因子只包括来自 PAS 的条目。结果表明这两个工具各自测量幼儿园的不同的质量要素和维度。因此，研究人员给出的建议是，纽约市的幼儿园质量评估系统应该同时采用这两种不同的评估工具。幼儿园的管理实践和教学质量是其良好运营的重要因素。

研究 4

美国的阿肯色州请 KeyStone 研究公司对其针对早期教育工作者的专业培训项目进行评估。这个培训项目是由阿肯色州立大学儿童服务部提供的。在评估研究中，PAS 被用作测量那些接受教师培训的幼儿园的工具之一（Miller & Bogatova，2007）。PAS 评估员收集了 169 所幼儿园的数据。

评估结果表明，在三类幼儿园中［达到最低质量标准的幼儿园、达到认证标准的幼儿园（QA）和达到州政府标准的幼儿园（ABC）］，PAS 成功地区分了这些幼儿园的管理实践质量。达到认证标准（QA）和州政府标准（ABC）的幼儿园在 PAS 的 24 个条目（共 25 个）的得分要高于那些仅仅达到最低标准的幼儿园。QA 和 ABC 幼儿园的 PAS 条目平均分为 4.47，而那些仅仅达到最低要求的幼儿园的平均分为 3.12（$p < 0.001$）。该研究还发现，营利性和非营利性的幼儿园之间也存在 PAS 得分的统计意义上的显著差异（$p < 0.001$）。

研究 5

伊利诺伊州政府公共服务部实施了一个关于吸引幼儿园教师（START）和提高工资补助的项目。麦考密克早期教育领导力中心研究了这个项目，对参与其中的幼儿园的特点进行了分析（MCECL，2007）。样本中包括 40 所幼儿园：20 所积极参与并使用了大量项目资金的幼儿园，以及 20 所没有积极参与、没有或者很少使用项目资金的幼儿园。

ECERS–R 被用来测量样本中 70 间教室的质量，而 PAS 则被用于评估样本中的 40 所幼儿园的领导和管理实践质量。

数据分析的结果表明，不同的幼儿园在 ECERS–R 所反映的教学质量上存在明显的差异。那些积极参与并使用了 START 项目资金的幼儿园表现出更高质量的教学实践（$p < 0.05$）。同样地，这些幼儿园的 PAS 总分和平均分（基于 25 个条目中的 22 个）也更高。其中，PAS 的 5 个条目显示了在积极参与和不积极参与的幼儿园之间统计上的显著差异（$p < 0.05$），包括薪酬、评估和确认特殊需要儿童、战略计划、主班教师资格和保育员资格。

研究 6

肯塔基大学人类发展研究所的研究人员进行了一项研究，评估肯塔基州的早期教育教师专业培训项目对课堂质量和儿童发展的影响（Rous et al., 2008）。研究者和决策者收集数据，分析影响早期教育质量的教师和机构因素。PAS 是多个测量工具中的一个。样本包括 227 所公立和社区幼儿园。

在考察影响教师参与专业发展的具体因素时，研究者发现，那些支持教师参加专业培训的幼儿园在 PAS 的"员工发展"这个条目上的得分明显更高（$t = 2.67$，$p < 0.01$）。参与专业发展的教师感受到了更多的来自园长和管理者的支持。研究得出的结论是：园长的支持、教师的教育背景和经验、专业培训以及教师自选培训的次数，是对课堂教学质量（ECERS–R）和早期语言教学（ELLCO）影响最大的因素。

数据分析还发现，PAS 的"员工发展"条目得分、早期语言教学环境（ELLCO Literacy Environment Checklist）（$r = 0.28$，$p < 0.01$）和总体教学质量（ECERS–R）（$r = 0.20$，$p < 0.05$）三者之间具有相关性。此外，PAS 的"监督和工作表现评估"条目也与早期语言教学环境（ELLCO Literacy Environment Checklist）（$r = 0.20$，$p < 0.05$）和教学质量（ECERS–R）（$r = 0.20$，$p < 0.05$）有着类似的重要关系。

研究 7

田纳西州的幼儿园园长资格认证（Tennessee Early Childhood Program Administrator Credential，TECPAC）于 2008 年启动。资格认证颁发给那些通过正规教育、有经验和综合表现显示出有效领导和管理能力的园长。田纳西州立大学的教育科学卓越中心（Center for Excellence for Learning Sciences）每年负责对这个资格认证进行评估。PAS 被用来对幼儿园进行前期测量和后期重测，以考证那些园长获得资格认证的幼儿园是否在管理质量上有所进步（前后测的差异）。（注明：员工资格的信息没有包括在PAS里，因为这些信息在其他地方收集了。）

2009—2010年的评估结果表明，93%的获得资格认证的园长和100%的认证评估员认为PAS是帮助提升幼儿园质量的有益工具。幼儿园的PAS条目平均分在前测和后测的变化范围是0.02分（"福利"）~3.0分（"新员工培训"），平均提升了1.81分。改进最大的地方也是园长认证培训的主要领域（Mietlicki，2010）。

研究8

阿肯色大学的研究者对该州的幼儿园质量评级和改进系统（Quality Rating and Improvement System，QRIS）进行了评估（McKelvey et al.，2010）。PAS是质量评级中的评估之一。但是，没有包括有关"员工资格"的4个PAS条目。另外，"福利"（条目5）和"人员配置模式和工作安排"（条目6）这两个条目虽然在评估中，但未计入PAS的总分。

阿肯色州的另外一个项目——学前教师的专业发展培训，恰好收集了PAS的完整量表数据。因此研究者就有机会对比PAS的完整数据和在幼儿园质量评级中的修改分数（去掉了其中的6个条目）。他们发现，修改后的PAS的分数与另外两个幼儿园质量的测量（Environment Rating Scale，环境质量；Arnett Caregiver Interaction Scale，教师—儿童互动质量）的相关性比原始、完整的PAS低。原始的PAS评分与支持儿童认知发展的教学行为有显著相关性（$p < 0.01$），而修改的PAS分数却不具备。这些教学行为包括鼓励儿童提出开放式问题，使用符号或读写材料、数字和空间概念以及解决问题的方法。研究者指出，未能包括在幼儿园评级中的PAS条目（共6个条目）可能会影响该工具的有效性，因此建议重新引入那些被排除在评级系统之外的PAS条目，使用完整的量表。

研究者还利用幼儿园评级系统的数据来确定PAS评定幼儿园等级的分数界限是否有意义。在阿肯色州的幼儿园质量评级和改进系统（QRIS）中，评级为1级和2级的幼儿园不要求进行PAS测量，但3级的幼儿园的PAS平均分的要求是最低4分。研究者发现，PAS均分低于4分的幼儿园，其教师与儿童互动的敏感度要低些，和儿童的关系更疏远些，对儿童的情感发展的支持较差，而且教室的整体环境质量较差。

研究9

阿伦德（Arend，2010）研究了幼儿园园长的人力资源管理实践，以及这种实践的质量和园长培训之间的关系。这项科研使用了PAS中与人力资源有关的9个条目，包括"新员工培训""员工发展""监督和工作表现评估""薪酬""福利""人员配置模式和工作安排""内部沟通""幼儿园评估"和"战略计划"。样本包括来自美国五个州的119位幼儿园园长。数据收集是通过网络问卷调查。

结果表明，园长们在"监督和工作表现评估"方面的管理实践最强，而在"战略计划"和"福利"两项上的得分最低。多数评分都在"未达最低要求"和"良好"之间，中位评分均未超过"良好"。

在PAS的9个条目中，6个条目的得分因为园长在管理培训上的差别而存在显著差异。进修过较多管理学课程的园长在PAS的6个条目上的得分都要高些，并且这种差异达到了统计意义上的显著水平（$p < 0.01$）。

研究10

这项研究是评估一个全面的教师培训和幼儿园质量提升项目对幼儿园教学环境、师生互动、机构氛围、领导和管理实践、教师流失和幼儿园认证状态的影响。芝加哥的9所与社工服务相关的幼儿园参加了这项为期4年的研究。PAS被用来评估领导和管理实践质量的变化。

这项由洛约拉大学（Loyola University）城市研究中心进行的干预项目包括对幼儿园的技术支持，以及为幼儿园的教学和行政人员提供一系列的专业培训。数据表明，参与该项目的幼儿园的质量有了显著提高。与2002年相比，这些幼儿园在2006年展示出更高质量的教学实践（ECERS测量）、更积极的机构氛围（ECWES测量）以及更有效的领导和管理实践（PAS测量）。这些幼儿园的教学人员年流失率也大幅下降了（Bloom & Talan，2006）。

配对样本t检验的结果显示，PAS的十个维度中的五个呈现前测和后测的显著差异（$p < 0.05$）。PAS的20个条目得分（共25个）显示这些幼儿园在2002—2006年的行政管理实践质量得到了改善。其中的12个条目的分数变化具有统计意义上的显著性（$p < 0.05$）。PAS条目平均分从2002年的3.63增加到2006年的4.72（$p < 0.05$）。

但是，PAS分数的变化幅度在9所样本幼儿园之间存在很大的差异。虽然 2002—2006 年，每所幼儿园的 PAS 分数都有所增加，但其中 4 所幼儿园的分数提高了 33% 或者更多。其中一所幼儿园的 PAS 均分提升了 67%。

研究 11

"纽约质量"（Quality New York）是一个全面的、辅助幼儿园获得全美幼教协会（NAEYC）认证的质量提升项目。它对参与的幼儿园提供两种支持：团体支持（如培训）和针对幼儿园的个体化支持。为了评估这个项目对幼儿园教学质量和行政管理实践的影响，评估和政策发展中心（Center for Assessment and Policy Development）从 11 所参与项目的幼儿园收集了数据。这些幼儿园参与项目至少 18 个月，而且被认为是质量很差的幼儿园（Stephens，2009）。评估包括使用 ECERS–R 和 PAS 进行的反复测量。PAS 的最初（基准）平均分为 2.14~5.95。总体来说，这些样本幼儿园有超过 7 个的 PAS 条目的得分是 2.0 甚至更低。

结果发现，个体化的定点支持和团体的帮助（如培训和交流）都以不同的方式提升了幼儿园的质量。根据 ECERS–R 的评估，个体化咨询有助于改善幼儿园的课堂学习环境。根据 PAS 的评估，团体支持有助于改善幼儿园的管理和运营。多元回归分析显示两种支持方式都与教学质量的变量缩小有关系。

整体来说，这个辅助项目帮助幼儿园在 PAS 6 个以上的条目上提升了 2 分或更多。研究者指出，和提升管理实践同样重要的是园长们对自己的领导角色认知的变化。参与这个辅助项目的园长变得更加专注、有序，认识到了他们在管理上需要改进的地方。

多项回归分析在控制最初的 PAS 评分（即排除最初的 PAS 分数的影响）后，得出幼儿园员工每月参加专业培训和园长交流的小时数可以预测该幼儿园的 PAS 总分提升和分数提高的 PAS 条目数目，分别解释了这两个参数中的 60% 和 58% 的变量。此外，教学员工对专业培训的参与也与其所在幼儿园的 PAS 分数的提高呈正相关。该研究得出的结论是，当园长对于其领导角色有了更深入的理解后，他们更愿意为员工提供和寻求专业发展的机会。

总结

前面简要描述的 11 项研究的结果提供了令人信服的证据：《幼儿园管理量表》（PAS）是一个可靠、有效的工具。

不同于那些只关注教学质量和师生互动的测量工具,《幼儿园管理量表》(PAS)从不同的角度评估幼儿园的质量。目前,我们达成的共识是:多个测量工具的同时使用,可以帮助我们更全面、更客观地了解幼儿园的综合质量。《幼儿园管理量表》(PAS)是一个非常有用的工具。它帮助识别幼儿园的机构优势,指出需要改进的领域,并指导管理者做出有益于员工、家长和儿童的改变。

参考文献和资源

Arend, L. (2010, October). *Filling the void: A call for educational administration preparation specific to early childhood leaders*. Paper presented at the annual conference of the University Council for Educational Administration, New Orleans.

Arnett, J. (1989). Caregivers in day care centers: Does training matter? *Journal of Applied Developmental Psychology, 10*(4), 541–552.

Barnett, W. S. (2003, March). *Better teachers, better preschools: Student achievement linked to teacher qualifications* (Issue 2). New Brunswick, NJ: National Institute for Early Education Research.

Bella, J. (2008, July/August). Improving leadership and management practices: One step at a time. *Exchange*, 6–10.

Bella, J., & Bloom, P. J. (2003). *Zoom: The impact of early childhood leadership training on role perceptions, job performance, and career decisions*. Wheeling, IL: McCormick Center for Early Childhood Leadership, National Louis University.

Bertachi, J. (1996, October/November). Relationship-based organizations. *Zero to Three Bulletin, 17*(2), 2–7.

Bloom, P. J. (2010). *Measuring work attitudes in the early childhood setting: Technical manual for the Early Childhood Job Satisfaction Survey and the Early Childhood Work Environment Survey*. Wheeling, IL: McCormick Center for Early Childhood Leadership, National Louis University.

Bloom, P. J. (2004). Leadership as a way of thinking. *Zero to Three, 25*(2), 21–26.

Bloom, P. J. (2000). *Circle of influence: Implementing shared decision making and participative management*. Lake Forest, IL: New Horizons.

Bloom, P. J. (1996). The quality of work life in NAEYC accredited and non-accredited early childhood programs. *Early Education and Development, 7*(4), 301–317.

Bloom, P. J., Hentschel, A., & Bella, J. (2010). *A great place to work: Creating a healthy organizational climate*. Lake Forest,

IL: New Horizons.

Bloom, P. J., & Sheerer, M. (1992). The effect of leadership training on child care program quality. *Early Childhood Research Quarterly, 7*(4), 579–594.

Bloom, P. J., & Talan, T. N. (2006, October). *Changes in program quality associated with participation in a professional development initiative.* Wheeling, IL: McCormick Center for Early Childhood Leadership, National Louis University.

Burchinal, M., Cryer, D., Clifford, R., & Howes, C. (2002). Caregiver training and classroom quality in child care centers. *Applied Developmental Science, 6*(1), 2–11.

Center for the Child Care Workforce. (1998). *Creating better child care jobs: Model work standards.* Washington, DC: Author.

Cleveland, G. H., & Hyatt, D. (2002). Child care workers' wages: New evidence on returns to education, experience, job tenure, and auspice. *Journal of Population Economics, 15*(3), 575–597.

Cochran, M. (2007). Caregiver and teacher compensation. *Zero to Three, 28*(1), 42–47.

Cornille, T., Mullis, R., Mullis, A., & Shriner, M. (2006). An examination of child care teachers in for-profit and nonprofit child care centers. *Early Child Development and Care, 176*(6), 631–641.

Cost, Quality, and Child Outcomes Study Team. (1995). *Cost, quality, and child outcomes in child care centers.* Denver: Department of Economics, University of Colorado at Denver.

Culkin, M. L. (2000). *Managing quality in young children's programs: The leader's role.* New York: Teachers College Press.

Early Childhood Community Development Center. (2010, June). *Mentoring pairs for child care (MPCC) data brief.* St. Catherines, ON, Canada: Author.

Fowler, S., Bloom, P. J., Talan, T. N., Beneke, S., & Kelton, R. (2008). *Who's caring for the kids? The status of the early childhood workforce in Illinois.* Wheeling, IL: McCormick Center for Early Childhood Leadership, National Louis University.

Gratz, R., & Claffey, A. (1996). Adult health in child care: Health status, behaviors, and concerns of teachers, directors, and family child care providers. *Early Childhood Research Quarterly, 11*, 243–267.

Halle, T., Vick Whittaker, J. E., & Anderson, R. (2010). *Quality in early childhood care and education settings: A compendium of measures* (2nd ed.). Washington, DC: Child Trends.

Harms, T., Clifford, R., & Cryer, D. (2005). *Early Childhood Environment Rating Scale–Revised.* New York: Teachers College Press.

Hemmeter, M., Joseph, G., Smith, B., & Sandall, S. (Eds.). (2001). *DEC recommended practices program assessment: Improving practices for young children with special needs and their families.* Longmont, CO: Sopris West.

Herzenberg, S., Price, M., & Bradley, D. (2005). *Losing ground in early childhood education: Declining workforce qualifications in an expanding industry, 1979–2004.* Harrisburg, PA: Keystone Research Center.

Hyun, E. (1998). *Making sense of Developmentally and Culturally Appropriate Practice (DCAP) in early childhood education.* New York: Peter Lang.

Kagan, S. L., & Bowman, B. (Eds.). (1997). *Leadership in early care and education.* Washington, DC: National Association for the Education of Young Children.

Kagan, S. L., Brooks-Gunn, J., Westheimer, M., Tarrant, K., Cortazar, A., Johnson, A., Philipsen, N., & Pressman, A. (2008). *New York City early care and education unified performance measurement system: A pilot study.* New York: National Center for Children and Families.

Kagan, S. L., Kauerz, K., & Tarrant, K. (2008). *The early care and education teaching workforce at the fulcrum: An agenda for reform.* New York: Teachers College Press.

Lower, J. K., & Cassidy, D. J. (2007, Winter). Child care work environments: The relationship with learning environments. *Journal of Research in Childhood Education, 22*(2), 189–204.

McCormick Center for Early Childhood Leadership. (2010a, Summer). Connecting the dots: Director qualifications, instructional leadership practices, and learning environments in early childhood programs. *Research Notes.* Wheeling, IL:

National Louis University.

McCormick Center for Early Childhood Leadership. (2010b, Spring). *A window on early childhood administrative practices. Research Notes*. Wheeling, IL: National Louis University.

McCormick Center for Early Childhood Leadership. (2010c, Winter). Head Start administrative practices, director qualifications, and links to classroom quality. *Research Notes*. Wheeling, IL: National Louis University.

McCormick Center for Early Childhood Leadership. (2008, Summer). Professional development: The landscape of opportunity in early care and education. *Research Notes*. Wheeling, IL: National Louis University.

McCormick Center for Early Childhood Leadership. (2007, Spring). Program characteristics associated with utilization of early childhood professional development funding. *Research Notes*. Wheeling, IL: National Louis University.

McKelvey, L., Chapin-Critz, M., Johnson, B., Bokony, P., Conners-Burrow, N., & Whiteside-Mansell, L. (2010). *Better Beginnings: Evaluating Arkansas' path to better child outcomes*. Little Rock, AR: Partners for Inclusive Communities.

Means, K. M., & Pepper, A. (2010). *Best practices of accreditation facilitation projects: A framework for program improvement using NAEYC early childhood program standards and accreditation criteria*. Washington, DC: National Association for the Education of Young Children.

Mietlicki, C. (2010, October). *Tennessee Early Childhood Program Administrator Credential: Year two evaluation report*. Nashville: Tennessee Early Childhood Training Alliance, Tennessee State University.

Miller, J. A., & Bogatova, T. (2007). *Early care and education workforce development initiatives: Program design, implementation, and outcomes*. Erie, PA: KeyStone Research Corporation. National Association for the Education of Young Children. (2010). *A conceptual framework for early childhood professional development: A position statement* (Rev. ed.). Washington, DC: Author.

National Association for the Education of Young Children. (2007).

NAEYC early childhood program standards and accreditation criteria: The mark of quality in early childhood education (Rev. ed.). Washington, DC: Author.

National Professional Development Center on Inclusion. (2008). *Professional development 1-2-3 planning guide*. Chapel Hill: FPG Child Development Center, University of North Carolina.

National School-Age Care Alliance. (1998). *NSACA standards for quality school-age care*. Boston: Author.

Phillips, D., Mekos, D., Scarr, S., McCartney, K., & Abbott-Shim, M. (2000). Within and beyond the classroom door: Assessing quality in child care centers. *Early Childhood Research Quarterly, 15*(4), 475–496.

Rohacek, M., Adams, G., & Kisker, E. (2010). *Understanding quality in context: Child care centers, communities, markets, and public policy*. Washington, DC: Urban Institute.

Rous, B., Grove, J., Cox, M., Townley, K., & Crumpton, G. (2008). *The impact of the Kentucky Professional Development Framework on child care, Head Start, and preschool classroom quality and child outcomes*. Lexington: Human Development Institute, University of Kentucky.

Smith, M., Dickinson, D., Sangeorge, A., & Anastasopoulos, L. (2002). *Early language and literacy classroom observation*. Newton, MA: Paul Brooks.

Stephens, S. A. (2009, August). *Quality New York: Assessment of its contributions to program improvement in early care and education programs in New York City*. New York: Center for Assessment and Policy Development.

Talan, T. N. (2010, May/June). Distributive leadership: Something new or something borrowed? *Exchange*, 8–12.

Talan, T. N. (2007). *Roots and wings: Portrait of an early childhood learning organization* (doctoral dissertation). National Louis University, Wheeling, Illinois.

Torquati, J. C., Raikes, H., & Huddleston-Casas, C. A. (2007). Teacher education, motivation, compensation, workplace support, and links to quality of center-based child care and teachers' intention to stay in the early childhood profession. *Early Childhood Research Quarterly, 22*(2), 261–275.

Vu, J., Jeon, H., & Howes, C. (2008). Formal education, credential, or both: Early childhood program classroom practices. *Early Education and Development, 19*(3), 479–504.

Whitebook, M., Gomby, D., Bellm, D., Sakai, L., & Kipnis, F. (2009). *Preparing teachers of young children: The current state of knowledge, and a blueprint for the future.* Berkeley, CA: Center for the Study of Child Care Employment, Institute for Research on Labor and Employment, University of California at Berkeley.

Whitebook, M., Howes, C., & Phillips, D. (1990). *Who cares? Child care teachers and the quality of care in America: Final report of the National Child Care Staffing Study.* Oakland, CA: Child Care Employee Project.

Whitebook, M., Ryan, S., Kipnis, F., & Sakai, L. (2008, February). *Partnering for preschool: A study of center directors in New Jersey's mixed-delivery Abbott Program.* Berkeley: Center for the Study of Child Care Employment, Institute for Research on Labor and Employment, University of California at Berkeley.

学前教育类书目

书号	书名	著、译者	定价(元)
\multicolumn{4}{c}{幼儿园教师专业成长指导}			
2547	认识婴幼儿的游戏图式	张晖 等译	48.00
2113	做会沟通的幼儿教师	胡剑红 等主编	38.00
2236	幼儿园文案撰写规范与技巧	刘敏 等著	52.00
2311	幼儿园探究性环境创设（四色）	康丹 等译	48.00
2056	小脑袋，大问题（四色）	孟晨 译	48.00
2309	破解幼儿园教师的90个工作难题	杜长娥 徐钧 主编	52.00
2112	幼儿园优质教研活动设计方案	朱清 等著	38.00
1781	给青年幼儿教师的建议	吴邵萍 著	40.00
8470	答新手幼儿教师120问	刘洪霞 主编	28.00
1798	幼儿园新手教师指导手册	王芳 等著	48.00
1783	从新手到骨干——幼儿教师专业成长故事	尹坚勤 编著	42.00
1780	幼儿教师追求幸福的方法	余胜兰 著	42.00
9111	做个幸福快乐的幼儿教师——为你的专业成长支招	莫源秋 著	28.00
9047	幼儿教师临场应变技巧60例	冯伟群 著	25.00
8930	幼儿教师易犯的150个错误	伍香平 编著	32.00
0070	幼儿教师必知的礼仪规范	向多佳 编著	38.00
9611	幼儿园教师必知的60条教育政策与法规	洪秀敏 编著	34.00
幼儿园教师专业成长指导系列合计			**681.00**
\multicolumn{4}{c}{幼儿园教师教学技能与活动指导}			
2727	从头到脚玩绘本（全彩）	董旭花 张海豫 主编	78.00
2253	理解儿童心理从绘画开始（全彩）	陈侃 著	38.00
0760	幼儿园备课·说课·听课·评课	俞春晓 等著	42.00

9499	幼儿教师必须修炼的10项教学技能	俞春晓 著	25.00
9454	幼儿园教学诊断技巧与对策58例	王春燕 等 著	38.00
9612	幼儿园综合主题活动——设计技巧与优秀案例	赵旭莹 等 主编	42.00
1235	幼儿园绘本美术活动创意设计（全彩）	郭莉萍 赵福云 主编	68.00
9323	幼儿园美术活动创意设计（全彩）	罗梅 赵福云 主编	56.00
0180	给幼儿教师和家长的81条美术教育建议（全彩）	李力加 著	62.00
9150	幼儿园节日活动精彩设计方案	刘洪霞 主编	35.00
9590	幼儿园语言活动创新设计	郭咏梅 著	32.00
0157	幼儿园优秀语言活动设计70例	郭咏梅 主编	26.00
0453	幼儿园优秀体育活动设计99例	朱清 侯金萍 主编	45.00
9892	幼儿园优秀美术活动设计99例（全彩）	陈学群 余晖 主编	58.00
9591	幼儿园优秀健康活动设计80例	范惠静 主编	38.00
9439	幼儿园优秀社会活动设计65例	伍香平 主编	25.00
9385	幼儿园优秀科学活动设计88例	董旭花 主编	35.00
9951	幼儿园科学探究故事20例	王明珠 主编	40.00
幼儿园教师教学技能与活动指导合计			**783.00**

	幼儿园区域活动指导		
3055	幼儿园自主性区域活动	邱学青 等 译	88.00
2645	幼儿园户外创造性游戏与学习（四色）	陈欢 译	58.00
2644	幼儿园户外探索与学习（四色）	邹海瑞 廖宁燕 等 译	48.00
2604	儿童视角的幼儿园班级环境创设（四色）	马燕 马希武 译	62.00
1935	幼儿园户外环境创设与活动指导（全彩）	董旭花 等 著	72.00
2103	幼儿园社会区材料设计与评价（四色）	王微丽 霍力岩 主编	60.00
1950	幼儿园科学区材料设计与评价（全彩）	王微丽 霍力岩 主编	60.00
1951	幼儿园生活区材料设计与评价（全彩）	王微丽 霍力岩 主编	60.00
1782	幼儿园数学区材料设计与评价（全彩）	王微丽 霍力岩 主编	60.00
1800	幼儿园语言区材料设计与评价（全彩）	王微丽 霍力岩 主编	60.00
2598	幼儿园艺术区材料设计与评价（全彩）	王微丽 霍力岩 主编	60.00
9613	幼儿园区域活动——环境创设与活动设计方法（全彩）	王微丽 主编	60.00
9149	小区域，大学问——幼儿园区域环境创设与活动指导	董旭花 等 著	30.00
9548	幼儿园创造性游戏区域活动指导（角色区·建构区·表演区）	董旭花 等 编著	32.00
9549	幼儿园自主性学习区域活动指导（生活操作区·美工区·益智区·科学区）	董旭花 等 编著	35.00

编号	书名	作者	定价
0156	幼儿园区域活动现场指导艺术——透视38个区域故事	董旭花 等 著	38.00
9134	如何有效实施幼儿园主题性区域活动	秦元东 等 著	24.00
7937	幼儿园科学区（室）——科学探索活动指导117例	董旭花 主编	28.00
幼儿园区域活动指导合计			935.00
幼儿园园所管理			
2206	给幼儿园园长的50条建议	张春炬 等 主编	58.00
2102	破解幼儿园园长的50个管理难题	苏晓芬 等 著	48.00
1784	幼儿园危机管理策略与实例	周丛笑 等 编著	52.00
1596	幼儿园安全管理策略	张春炬 李芳 主编	42.00
0039	园本培训促进幼儿教师专业发展	晏红 著	32.00
9883	幼儿园教研活动设计与实施	莫源秋 著	32.00
9620	幼儿园保育员工作指南	伍香平 等 主编	20.00
9438	幼儿园园长的领导艺术	任民 李迎春 著	32.00
9006	幼儿园园长临场应变技巧50例	卢俊 著	20.00
9012	幼儿园园长易犯的80个错误	伍香平 主编	25.00
幼儿园园所管理合计			361.00

编号	书名	作者	定价
幼儿行为观察与应对指导			
2308	0—8岁儿童纪律教育——给教师和家长的心理学建议（第七版）	蔡菡 译	72.00
9138	幼儿行为的观察与记录（第五版）	马燕 等 译	32.00
2045	幼儿问题行为的识别与应对——给家长的心理学建议（第二版）	冯夏婷 主编	58.00
7797	幼儿问题行为的识别与应对（教师篇）（第6版）	王玲艳 等 译	38.00
幼儿行为观察与应对指导合计			200.00
幼儿园家长工作指导			
2632	婴幼儿教师与家长沟通和合作的50个策略	洪秀敏 等 译	52.00
2345	幼儿成长揭秘——常见问题分析与家园共育策略	王普华 等 著	48.00
1934	幼儿教师与家长沟通之道（第二版）	晏红 著	46.00
364	幼儿园家长工作技能与艺术	莫源秋 编著	45.00
806	破解家园沟通的44个难题	胡剑红 主编	35.00
9610	幼儿教师的家长工作技巧	张春炬 主编	34.00
9592	幼儿园家长开放日活动设计与实践指导	卢筱红 主编	25.00
9322	幼儿园家庭教育指导形式与方法	晏红 著	34.00
幼儿园家长工作指导合计			319.00

	幼儿园班级管理指导		
1802	幼儿园班级管理问题预防与应对（25周年版）	曹宇 译	56.00
1789	做富有洞察力的幼儿教师——有效管理你的班级	王玲艳 等 译	36.00
9556	打造幼儿园魅力班级的64个策略	莫源秋 等 著	32.00
7936	幼儿园班级管理技巧150	曹宇 译	34.00
1595	接手幼儿园小班：帮助孩子快乐入园	王翠霞 等 著	38.00
9357	幼儿常规教育指导手册	莫源秋 等 编著	36.00
9437	幼儿园班级安全管理	陶金玲 许映建 著	32.00
8832	幼儿园教师治班之道	李麦浪 著	32.00
幼儿园班级管理指导合计			**296.00**

	幼儿园教师教育技能与活动指导		
2930	怎样评价幼儿才有效	霍力岩 译	68.00
2732	倾听幼儿——马赛克方法	刘宇 译	48.00
2599	做幼儿喜爱的魅力教师（第二版）	莫源秋 著	48.00
2096	让幼儿都爱听你说（第二版）	马希武 等 译	36.00
1707	有力的师幼互动	王连江 译	36.00
9903	幼儿教师与幼儿有效互动策略	莫源秋 等 编著	35.00
1197	幼儿教育中的心理效应	莫源秋 等 编著	32.00
8953	幼儿教师实用教育教学技能	莫源秋 等 著	30.00
784	幼儿教师必须掌握的教育技巧	莫源秋 著	35.00
193	跟蒙台梭利学做快乐的幼儿教师	刘文 主编	58.00
7303	老师，你在听吗？——幼儿教育活动中的师幼对话	汪寒鹭 等 译	28.00
幼儿园教师教育技能与活动指导合计			**454.00**

	幼儿心理与发展指导		
2633	倾听孩子：教师和家长怎样与幼儿谈论棘手的话题	胥兴春 等 译	38.00
2205	幼儿行为管理的方法与策略	莫源秋 著	46.00
1779	幼儿情绪管理的方法与策略	莫源秋 著	48.00
9496	透视幼儿心理世界——给幼儿教师和家长的心理学建议	冯夏婷 主编	36.00
0783	透视0—3岁婴幼儿心理世界——给教师和家长的心理学建议	冯夏婷 主编	38.00
0183	幼儿常见心理行为问题：诊断与教育	莫源秋 著	38.00

……

欲了解更多图书信息，请登录：www.wqedu.com
联系地址：北京市西城区三里河路6号院2号楼213室　万千教育
咨询电话：010-65181109，65262933

*本目录定价如有错误或变动，以实际出书为准。